백성을 위해 실학을 완성시킨
정약용

마음으로 기억하는 인물시리즈 02

백성을 위해 실학을 완성시킨

정약용

손민지 글 | 김소영 그림

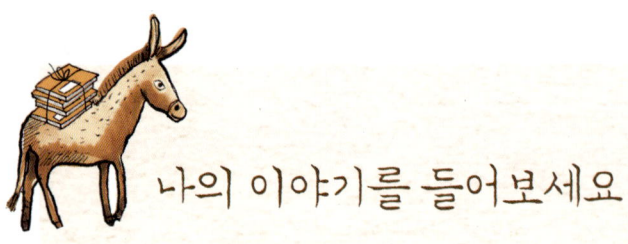

나의 이야기를 들어보세요

백성을 위해 학문을 연구한
실학자 정약용

정약용은 청렴한 관리의 아들로 태어났습니다. 어렸을 때는 말썽도 많이 피우고 여느 또래와 같은 말썽꾸러기였지만, 하나를 알면 열을 깨우치는 총명한 아이였습니다. 그래서 무엇이든 보고 배우는 것을 게을리하지 않았습니다.

어려서 어머니를 여읜 정약용은 어머니가 남긴 마지막 말을 따라 책을 가까이하고 공부를 열심히 했습니다. 책을 좋아하는 만큼 자신이 보고 배운 것을 글로 쓰는 것도 좋아했지요. 훗날 정약용이 많은 책을 쓸 수 있었던 것도 어려서부터 책을 읽고 글을 쓰던 습관 덕분이었습니다.

일찍 과거에 급제한 정약용은 왕인 정조에게 큰 기대와 믿음을 받았습니다. 하루가 다르게 벼슬이 높아져 주변의 부러움과 시기를 받기도 했습니다. 하지만 그는 주변의 시선을 신경 쓰지 않았습니다. 백성과 나라가 함께 잘살기 위해선 무엇을 해야 하는지를 고민하고 실천했습니다. 정약용은 백성이 잘사는 나라가 좋은 나라라고 생각했습니다. 그래서 그는 백성의 삶에 직접 도움을 줄 수 있는 실학에 관심을 가졌습니다. 공부를 위한 공부가 아닌, 사회에 도움이 되는 공부를 하고 싶었기 때문입니다.

그래서 정약용은 실학자인 동시에 과학자이자 엔지니어이기도 했습니다. 그는 배를 이어 다리를 만들기도 했고, 수원 화성이라는 크고 아름다운 성을 쌓기도 했습니다. 그리고 많은 사람을 아프게 한 전염병인 천연두를 치료하는 책을 쓰기도 했습니다. 또한 백성을 힘들게 하는 잘못된 법과 제도를 고쳐야 한다고 주장했습니다. 이처럼 정약용은 여러 방면에서 활약했습니다. 백성을 사랑하는 마음과 자신이 할 수 있는 일이라면 무엇이든지 도전하는 용기가 있었기 때문이지요.

정조가 죽은 뒤 정약용에게는 큰 시련이 닥쳤습니다. 천주교라는 누명을 쓰고 모진 고문을 당하기도 하고, 18년 동안 낯선 곳에서 귀양살이를 해야 했습니다. 가족과 친구들도 목숨을 잃거나 멀리 떨어져 지내야 했지요. 정약용은 이러한 아픔 속에서도 좌절하지 않았습니다. 귀양살이를 하는 동안 자신이 좋아하는 책을 더 가까이하는 시간을 가졌고 백성을 위해 책을 쓰는 등 자신의 자리에서 할 수 있는 일들을 꿋꿋이 해 나갔습니다.

정약용은 정치, 경제, 사회, 역사, 문학 등 여러 분야에 걸쳐 책을 썼습니다. 그가 귀양살이를 하는 동안 쓴 책은 무려 500권이나 됩니다. 그리고 자신을 찾아오는 학자와 아이들을 정성껏 가르쳤지요. 이러한 일들이 쌓이고 쌓여 정약용은 백성에게는 존경을 받고, 학자들에게 뒤따르고 싶은 선비의 모범이 되었습니다. 결국 그를 귀양 보냈던 반대파의 중심인물에 의해서 귀양에 풀려나기도 했지요.

정약용은 여러 부침이 있는 힘든 삶을 살았지만, 현실과 타협하지 않고 자신의 신념을 지키며 당당하게 살았습니다.

또한 어떤 어려움이 닥쳐도 자신이 해야 할 일을 꼭 이루고야 마는 끈기와 용기를 갖고 있었습니다. 이러한 정신과 행동이 정약용을 조선 후기 실학을 집대성한 인물로 역사에 남을 수 있었던 이유가 아닐까요. 이 책을 통해 정약용의 올곧은 신념과 백성과 나라를 사랑하는 소중한 마음을 느낄 수 있는 시간이 되기를 바랍니다.

차례

나의 이야기를 들어보세요 _ 4
주변 인물 관계도 _ 10
정약용이 걸어간 길 _ 12

작은 일에서도 큰 깨달음을 얻다 _ 16
정약용을 통해 본 조선 시대 사도세자는 정당한 벌을 받은 걸까? _ 28

책을 많이 읽을수록 큰 인물이 된다 _ 32
정약용을 통해 본 조선 시대 정조가 훌륭한 왕으로 평가받는 이유는 뭘까? _ 47

사회에 도움이 되는 공부를 하다 _ 50
정약용을 통해 본 조선 시대 정약용은 왜 실학자가 되고 싶었을까? _ 68

새로운 도전에 망설이지 않다 _ 72
정약용을 통해 본 조선 시대 수원 화성은 어떻게 세계의 유산으로 인정받았을까? _ 97

가장 중요한 것이 무엇인지를 생각하다 __ 100
정약용을 통해 본 조선 시대 **왕이 가장 믿는 신하에게만 주는 벼슬은 무엇일까?** _ 126

어떤 상황에서도 당당하게 행동하다 __ 130
정약용을 통해 본 조선 시대 **조선에서 천주교는 종교가 아니었다고?** _ 141

시련을 이겨내고 학문을 꽃 피우다 __ 144
정약용을 통해 본 조선 시대 **정약용은 왜 두 번의 유배를 가야 했을까?** _ 161

내가 할 수 있는 일에 최선을 다하다 __ 164
정약용을 통해 본 조선 시대 **정약용은 어떤 책을 썼을까?** _ 181

내가 정약용이라면 __ 184
한국사 속 정약용의 생애 __ 188

주변 인물 관계도

정조
조선의 22대 왕. 영조의 손자이자 사도세자의 아들이다. 정약용을 아꼈으며 남인을 이끌 인물로 정약용을 키우고 싶어 했다.

이익
《성호사설》을 지어 실학이라는 학문을 조선에 알린 학자다. 정약용 역시 이 책을 통해 실학을 접했으며, 이를 계기로 평생 실학을 공부했다.

이벽
정약용의 큰형인 정약현과 결혼한 이씨 부인의 남동생이다. 정약용과는 성균관에서 함께 공부하던 사이로, 정약용에게 천주교를 포함한 서학을 소개시켜 주었다.

이승훈
정약용의 누나와 결혼한 정약용의 매형이다. 성호 이익의 증손자인 이가환의 조카이기도 하다. 정약용에게 이가환을 소개해주고, 실학에 눈뜰 수 있도록 도왔다. 우리나라 최초로 중국에서 세례를 받은 천주교인으로 신유박해에서 사형을 당했다.

정재원

정약용의 아버지. 사도세자의 죽음을 막으려 했던 남인으로 사도세자가 죽자 고향으로 내려갔으나, 정조의 부름을 받고 다시 관직에 올랐다. 정약용에게 백성을 위한 관리의 모범을 보여주었다.

정약용

정약전

정약용의 둘째 형으로 신유박해 때 정약용이 강진으로 유배를 갈 때, 흑산도로 유배를 가야 했다. 이후 편지를 통해 정약용을 지지해 주고, 학문적 조언을 해 주기도 했다. 정약전은 결국 정약용과 만나지 못하고 유배지에서 죽고 말았다.

정약종

정약용의 셋째 형으로 관직을 버리고 천주교도가 되었다. 이승훈과 함께 청나라 신부 주문모를 데리고 왔고, 조선천주교 초대 회장을 지내기도 했다. 신유박해 때 이승훈과 함께 처형되었다.

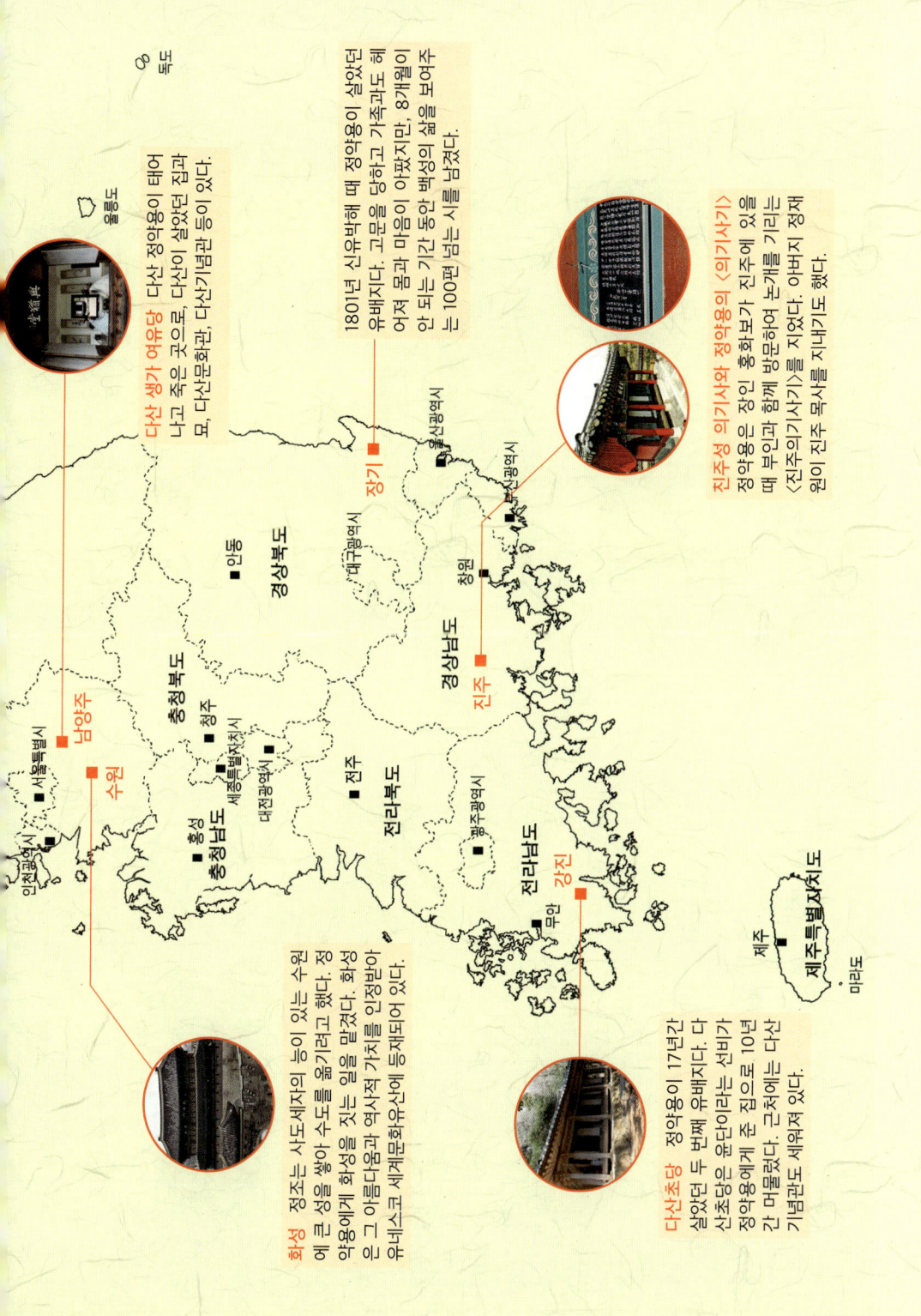

백성을 위해 실학을 완성시킨

정약용

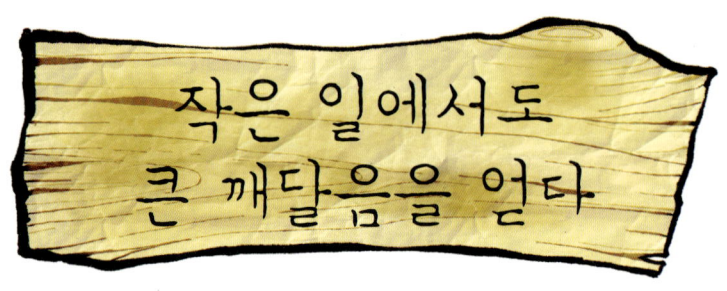

"자네, 그 이야기 들었나? 아니 글쎄, 임금님이 세자 저하를 해치려 한다는 거야!"

"말이 되는 소리를 해! 그런 끔찍한 일이 정말 있으려고."

1762년, 21대 왕 영조가 다스리던 조선은 신하들이 편을 나누어 서로 헐뜯고 싸우느라 분위기가 매우 어수선했습니다. 이런 상황에서 가장 큰 피해를 입는 것은 힘없는 백성이었습니다. 관리들은 백성이 먹고사는 일은 뒤로 미뤄두고 자신이 속한 붕당의 세력을 넓히는 데에만 온 신경을 쏟았기 때문입니다. 이를 붕당 싸움이라고 합니다.

이때 백성 사이에서 무섭고도 이상한 소문이 돌고 있었습니다. 바로 임금인 영조가 권력을 잡고 있던 신하들의 꾐에 빠져 세자를 죽이려고 한다는 이야기였습니다. 사람들은 허무맹랑한 이야기라며 손사래를 쳤지만, 실제로 궁에서는 소문대로 끔찍한 일이 벌어지고 있었습니다. 대체 아버지인 영조와 아들인 세자 사이에 무슨 일이 있었던 걸까요?

* * *

　　영조는 왕이 되기까지 **우여곡절**이 많았습니다. 전대 왕이었던 경종은 영조의 배다른 형제였습니다. 경종을 따르는 사람들 중에는 영조가 왕의 자리를 노릴까 걱정하는 사람이 많았습니다. 그들로 인해 영조는 목숨이 위험했던 적이 한두 번도 아니었습니다.
　　하지만 영조의 뒤에는 노론이라는 당파가 있어, 든든한 버팀목이 되어 주었습니다. 노론의 도움으로 왕이 된 영조는 노론이 내세우는 주장을 들어줄 수밖에 없었습니다. 노론은 왕의 힘을 등

우여곡절 온갖 일이 벌어져 복잡하고 힘든 상황.

에 업고 갈수록 기세등등해졌습니다.

이런 모습을 매우 탐탁지 않게 여기는 사람들이 있었습니다. 그중 한 명이 바로 영조의 아들 사도세자였습니다. 그는 어린 나이였지만 노론이 백성의 편안한 생활을 위해서 일하지 않고, 자신들의 배를 불리거나 더 많은 권력을 차지하기 위해 욕심을 부린다고 생각했습니다.

노론 또한 사도세자를 경계해 영조에게 사도세자의 험담을 자주 했습니다. 영조와 세자의 사이를 갈라놓기 위해서였지요. 사도세자가 왕이 되면 싫어하는 노론을 내쫓을 테니, 권력을 잃을 것이 두려워 먼저 손을 쓴 것입니다.

한편 엄격하고 뛰어난 아버지 밑에서 사도세자는 힘들어했습니다. 아버지의 높은 기대에 맞추지 못한 사도세자는 영조 앞에서 늘 주눅이 들었습니다. 영조는 그런 세자의 모습이 못마땅했습니다. 영조와 세자의 사이는 점점 나빠졌습니다. 아버지에게 따뜻함을 느끼지 못한 사도세자는 갈수록 삐뚤어졌습니다. 세자로서 좋지 못한 모습을 여러 번 보이기도 했지요. 몰래 궁 밖으로 나가거나, 궁에서 일하는 사람을 함부로 대해 나쁜 소문이 나기도 했습니다. 그럴 때마다 영조는 사도세자의 철없는 행동을 나무랐습니다.

사도세자는 아버지는 물론 주변 사람들이 모두 자신을 비난하자 매우 괴로웠습니다. 너무 괴로워한 나머지 결국 정신병을 얻었습니다. 사도세자는 영조를 만나는 게 무서워 옷을 입는 것을 거절할 정도였습니다. 사람들의 모함과 오해가 쌓인 결과 영조는 사도세자에게 벌을 내렸습니다. 쌀을 담는 뒤주에 사도세자를 가두라고 한 것이지요.

* * *

　사도세자가 죽기 전, 조정에서는 사도세자에게 내려진 벌이 정당한가를 두고 여러 의견이 오갔습니다. 노론은 당연히 세자를 죽이는 것에 찬성했지만 반대하는 세력도 있었습니다.
　당시 정약용의 아버지 정재원은 늦은 나이에 과거시험에 합격하여 벼슬에 올라 있었습니다. 그리고 정재원이 속한 남인 세

모함 나쁜 꾀를 내어 다른 사람이 어려운 처지에 빠지게 하는 것.
조정 임금과 관리들이 나랏일을 의논하거나 집행하는 곳.
벼슬 나랏일을 맡아 다스리는 자리. 지금의 공무원과 국회의원이 하는 일을 했다.

력이 사도세자를 죽이는 것에 반대했습니다. 하지만 남인은 노론보다 세력이 약했기에 사도세자를 구하지 못했습니다. 사도세자는 뒤주에 갇힌 지 8일 만에 세상을 떠나고 말았습니다.

정재원은 사도세자 사건을 겪으면서 큰 충격을 받았습니다. 어지럽고 혼란스러운 궁에서 벗어나 고향으로 돌아가고 싶은 마음이 커졌습니다. 하지만 당시 정재원의 부인인 해남 윤씨는 정약용을 임신 중이어서 고향으로 내려가기 힘든 상태였습니다. 윤씨는 남편이 매우 괴로워하는 모습을 보고, 바로 고향에 내려가기로 결심했습니다.

고향에 내려간 정재원은 낮에는 농사를 짓고 밤에는 책을 읽으며 시간을 보냈습니다. 하루하루 지날수록 당쟁으로 시끄럽던 마음은 한결 편안해졌습니다.

* * *

고향에서의 생활에 적응할 때쯤 정재원의 집에서는 아기 울음

소리가 우렁차게 들렸습니다. 5남 5녀의 10남매 가운데 정약현, 정약전, 정약종에 이어 넷째 아들 정약용이 태어난 것입니다. 정재원은 태어난 아기의 얼굴을 흐뭇하게 바라보며 말했습니다.

"누구 아들인지 고놈 참 잘생겼다! 농촌으로 돌아왔다는 의미로 당분간은 귀농이로 불러야겠다. 아버지처럼 당쟁에 휩쓸리지 말고 농사를 지으면서 맘 편하게 살아라."

정약용이 태어난 마현(마재)은 한강의 상류에 자리 잡은 마을입니다. 북한강과 남한강이 합쳐져 만들어진 팔당호가 내려다보여 경치가 매우 아름다운 곳입니다. 어린 정약용은 이곳에서 가족의 사랑을 받으며 자랐습니다.

어려서부터 정약용은 몸이 약해서 병치레가 잦았습니다. 두 살 때는 온몸에 붉은 반점이 오르는 천연두라는 병에 걸리기도 했습니다. 천연두는 전염병의 하나로, 과거에는 이 병으로 죽는 사람이 많았을 정도로 큰 병이었습니다. 어머니는 자신에게 옮는 것도 신경 쓰지 않고 끙끙 앓는 정약용을 지극정성으로 간호했습니다.

어머니의 간절한 마음과 병간호 덕분인지 정약용의 몸은 조금씩 좋아졌습니다. 열이 서서히 내려가고 온몸에 난 발진은 조금씩 가라앉았습니다. 정약용이 병을 털고 일어나자 가족 모두가 기뻐했습니다.

하지만 딱지가 떨어진 자리에 아물지 않은 깊은 흉터가 남은 곳이 있었습니다. 오른쪽 눈 위에 천연두 자국이 남아 눈썹이 셋으로 갈라진 듯 보였습니다. 형들은 다시는 큰 병에 걸리지 않기를 바라며, 상처를 잊지 말라는 의미로 정약용에게 '삼미'라는 별명을 지어 주었습니다. 이후로 정약용은 친구들에게도 삼미라고 불렸습니다.

* * *

정약용은 또래 아이들보다 몸이 약했기 때문에 집에서 조용히 책을 읽는 시간이 많았지만 친구들과 어울려 노는 것 역시 좋아했습니다. 가끔은 도가 지나친 장난을 치기도 했지요. 한 번은 농부가 힘들게 일구어 놓은 밭에 들어가 다 자란 농작물을 망가트리고 도망을 치기도 했습니다. 정약용은 이 행동이 얼마나 나쁜 일인지 알지 못했습니다.

"귀농아, 곡식을 망가뜨리면 어른들한테 혼나지 않을까?"

"괜찮아, 걸리지만 않으면 돼. 장난인데 뭐. 하하하."

하지만 정약용의 지나친 장난은 아버지 정재원의 귀에까지 들어갔습니다. 정재원은 정약용을 불러 크게 혼을 내고 잘못을 일깨워주기 위해 회초리를 들었습니다.

"아버지가 그렇게 가르쳤더냐! 회초리를 가지고 오거라."

"자……잘못했어요. 아버지."

"나는 가난한 백성의 먹을거리를 가지고 장난치라고 가르친 적 없다! 어서 종아리를 대!"

"다시는 안 그럴게요. 아버지."

정약용은 아버지에게 크게 혼이 나서야 자신이 얼마나 큰 잘못을 저질렀는지 깨달았습니다. 그리고 다시는 농부가 땀 흘려 일군 농작물에 장난치지 않겠다고 다짐했습니다. 이 일을 통해 정약용은 백성의 살림살이를 하찮게 여기지 않는 마음가짐을 배웠습니다.

'아버지께 큰 실망을 드렸어. 이제부터 장난도 줄이고 훌륭한 사람이 되기 위해 더 많은 것을 배울 거야.'

아버지 정재원은 하루하루 의젓하게 변하는 정약용의 모습이 대견스러웠습니다. 정재원의 집에서는 정약용이 《천자문》을 외우는 소리가 매일 흘러나왔습니다. 《천자문》은 서당에서 한자를 가르칠 때 쓰는 교과서 같은 책입니다. 정약용은 네 살이라는 어린 나이부터 벌써 한자를 읽고 책도 읽을 수 있었던 것입니다.

정재원과 친분이 있던 선비들은 정재원의 집을 지날 때마다 들려오는 앳된 목소리의 주인공이 고작 네 살밖에 안 된 정약용이라는 사실에 감탄했습니다.

"정재원의 네 살 된 아들이 《천자문》을 외운다는 게 사실인가?"

"그렇다네. 이 동네에 천재가 태어났네, 그려."

정약용은 또래 아이들보다 《천자문》을 일찍 깨우쳤지만, 우쭐해하거나 자만하지 않았습니다. 혼자서도 꾸준히 공부하는 습관을 들였고, 이런 습관은 훗날 유배를 가서도 묵묵히 학문을 닦을 수 있었던 버팀목이 되었습니다.

* * *

정약용은 일곱 살부터야 서당에 다니기 시작했습니다. 하지만 서당에서 배우는 《천자문》은 이미 몇 년 전에 뗐기 때문에 수업 시간은 늘 따분하고 지루하게 느껴졌습니다. 무심코 하품이 나와 훈장님께 크게 혼이 나기도 했지요. 서당에서 공부를 하는 것보다 끝난 후에 형제나 또래와 노는 시간을 더 기다리곤 했습니다.

하루는 훈장님이 수업을 마치자마자 둘째 형과 셋째 형을 따라 산에 올랐습니다. 그리 높지 않은 산이었지만, 어린 정약용에게는 쉽지 않은 일이었습니다. 가쁜 숨을 쉬며 형들을 따라 가다 보니 마침내 산 정상에 도착했습니다. 밑에서 봤을 때는 넓은 들판과 거대한 가옥이 늘어서 있던 마을의 모습은, 산 위에서 바라보니 모든 것이 작게만 느껴졌습니다. 정약용은 형들에게 말했습니다.

"형, 여기서 보면 사람들과 마을의 모습이 모두 작게 보여. 큰 서당도 작아 보이고, 저 너머에 있는 큰 산도 우리 앞에 있는 작은 산봉우리에 가려서 잘 안 보이기도 하고 말이야."

"귀농아, 그건 거리가 달라서 그래. 원래 더 큰 산인데도 작은 산보다 멀리 있어서 우리 눈에만 크기가 다르게 보이는 거야."

산에 오르는 건 힘들었지만, 정상에서 새로운 풍경을 보니 올라오길 잘했다는 생각이 들었습니다. 게다가 몰랐던 사실도 깨우쳤으니 뿌듯했습니다.

정약용은 집으로 돌아와 붓과 종이를 꺼내 〈산〉이라는 제목의 시를 지었습니다.

작은 산이 큰 산을 가리니(小山蔽大山),
멀고 가까움이 같지 않기 때문이다(遠近地不同)

사물을 어떤 각도로, 어떤 의도로 보느냐에 따라 다르게 보인다는 것을 정약용은 어린 나이에 터득한 것이죠. 이후에도 그는 호기심을 가지고 사물을 요리조리 주의 깊게 관찰하고, 그것을 글로 옮겨 기록하는 것에 재미를 붙였습니다.

아버지 정재원은 정약용이 쓴 글을 보고 '작은 것에서도 사물의 이치를 깨닫는 걸 보니 나중에 커서 훌륭한 학자가 되겠구나.' 하고 생각했습니다. 정재원은 정약용의 글 솜씨를 주변 사람들에게 자랑하기도 했습니다. 정재원과 가깝게 지내던 선비들도 모두 어린 정약용의 글 솜씨를 보고 매우 놀라워했습니다.

> 정약용을 통해 본 조선 시대

사도세자는 정당한 벌을 받은 걸까?

4대 붕당

붕당(당파)은 학문적, 정치적인 의견이 비슷한 사람끼리 모인 정치적 집단을 말합니다. 조선 시대 사회에 큰 영향을 끼친 붕당은 그 관계와 역사가 매우 복잡합니다. 조선의 14대 왕인 선조 시대부터 21대 왕 영조 시대까지 약 116년간 붕당에 의한 정치 체제가 이어져 내려왔으니, 그 복잡함을 짐작할 수 있겠지요. 선조가 왕이 된 후 사림*은 척신 정치에 대한 생각의 차이로 두 세력으로 나뉘었습니다.

13대 왕인 명종이 어린 나이에 왕이 되자, 그의 어머니인 문정왕후가 대신 나라를 다스리는 수렴청정이 시작됐습니다. 이때 문정왕후의 가문인 명종의 외척 세력이 정치에서 큰 힘을 가졌습니다. 이처럼 왕권이 약해지고, 외척에 의해 정치가 좌지우지되는 것을 척신 정치라고 합니다.

본래 정치를 이끌고 있던 기존의 사림들(기성 사림)은 외척이 주름잡고 있던

사림 유학을 공부하고 따르는 선비.

명조 시대 때 제 목소리를 내지 못한 만큼, 그들의 정치 체제에 소극적으로 대처했습니다. 반면 선조 시대 이후에 등장한 새로운 사림 세력(신진 사림)은 기성 사림의 태도를 비판했습니다. 그리고 척신 정치를 한 외척 세력을 몰아내고 왕권 중심의 왕도 정치를 주장했습니다. 두 세력은 여러 가지 정치적인 일에 대해 다른 주장을 펼쳤습니다. 결국 기성 사림을 중심으로 '서인', 신진 사림을 중심으로 '동인'이라는 붕당이 만들어졌습니다.

동인은 이황과 조식, 서경덕 등의 학문을 이어나간 사람들이 중심이 되었습니다. 반면 서인은 이이와 성혼의 학문을 이어받은 사람들이 모였습니다.

동인과 서인으로 나뉜 사림들의 정치 싸움은 왕이 바뀌어도 계속되었습니다. 다만 시간이 흐름에 따라 두 붕당은 각각 두 세력으로 다시 나뉘었습니다. 출신 배경과 정치적인 의견 차이에 따라 동인은 남인과 북인으로 나뉘었고, 서인은 노론과 소론으로 나뉘었습니다. 그리하여 19대 왕인 숙종 시대에 4대 붕당으로 자리를 잡았습니다.

사도세자

사도세자(1735~1762)는 영조가 나이 마흔 살이 넘어 낳은 둘째 왕자입니다. 이름은 이선이고, 두 살 때부터 세자로 책봉되었습니다. 그는 어려서부터 총명하여 글을 잘 읽고 지었습니다. 일찍부터 정치에 안목이 있어 노론의 정치를 비판하기도 했습니다. 당시 노론과 정치적 방향을 같이했던 영조와는 반대의 입장이었던

사도세자

것입니다. 이로 인해 노론은 세자를 모함해 영조가 사도세자를 믿지 못하고 분노하게 만들기도 했습니다.

　1749년 영조가 병이 들어 정사를 돌볼 수 없게 되자 사도세자가 왕을 대신하게 되었습니다. 그러자 이를 못마땅하게 여긴 노론과 영조의 두 번째 왕비인 정순왕후 김씨, 후궁인 숙의 문씨 등이 사도세자를 비방하고 나섰습니다. 그 후 사도세자는 사람들에 대한 불신으로 정신병까지 앓았습니다.

　결국 사도세자는 왕이 되지 못했습니다. 아버지인 영조의 명령으로 뒤주라는 쌀을 담는 나무 장에 갇혀 굶어 죽었기 때문입니다. 역사서에는 사도세자가 한 나쁜 일이 많이 기록되어 있지만, 현재에 이르러서는 정치적 다툼에 희생된 비운의 세자로 평가되기도 합니다.

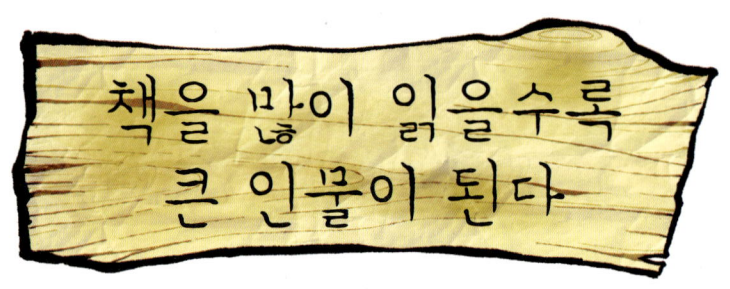

책을 많이 읽을수록 큰 인물이 된다

정약용의 어머니인 해남 윤씨는 〈오우가〉가 대표작인 조선 시대의 유명한 시인 윤선도 집안의 여성입니다. 여기서 '해남 윤씨'란 해남 출신의 '윤'이라는 성을 쓰는 여인이라는 뜻입니다. 조선 시대에는 여자의 이름을 중요하게 여기지 않아 성만 붙여 '윤씨 부인'이라고 부르는 경우가 많았습니다.

훗날 정약용은 유배 생활을 할 때 외가의 도움을 받기도 했는데요. 정약용의 유배지인 강진이 해남과 가까워 해남 윤씨의 자손이 많이 살고 있었기 때문이지요.

정약용의 집안은 대대로 유학자를 배출한 명문가였습니다. 정약용은 아버지와 형들이 공부하는 모습을 보고 자랐습니다. 집에 책이 많았고 학자들의 방문도 잦았기 때문에, 정약용은 어려서부터 수준 높은 시와 학문을 가까이에서 접할 수 있었습니다. 책을 읽는 것도 무척 좋아했지요.

특히 외가에는 정약용의 집보다 책이 몇 배나 많았습니다. 그런 만큼 신기한 책도 종종 발견할 수 있었지요. 정약용은 한번 책을 읽기 시작하면 시간 가는 줄도 모를 정도로 집중했습니다. 밥을 먹느라 잠깐 손에서 책을 놓는 시간도 아까워 허겁지겁 먹다가 체한 적도 많았습니다.

할아버지는 그런 정약용이 기특하면서도 걱정스러웠습니다.

"누가 쫓아오느냐. 그리 급하게 먹다가 체한다."

"할아버지, 귀농이 말리지 마세요. 흐름이 끊기기 전에 읽던 책을 빨리 이어서 읽고 싶어서 저래요."

"책을 저리 좋아해서야, 원."

정약용은 서재에 가서 읽던 책을 다시 펼쳤습니다. 밥상 앞에서 초조한 마음으로 식사를 하던 모습은 어느새 사라지고, 평온하게 책을 읽어 내려가는 의젓한 모습이었습니다. 정약용은 외갓집 덕분에 어릴 때부터 많은 책을 접할 수 있었습니다.

* * *

    그런 그에게 생각지도 못한 시련이 닥쳤습니다. 어머니가 몸이 약해 시름시름 앓기 시작한 것입니다. 정약용은 어머니가 해 주었던 것처럼 곁에서 정성스럽게 병간호를 했습니다. 아버지와 형들이 쉬라고 해도 막무가내로 어머니 곁을 지켰지요.

    "어머니, 괜찮으세요?"

    "나는 괜찮으니 어서 가서 공부하렴."

    "아니에요. 어머니 곁에 조금 더 있을래요."

    정약용은 정성을 다해 어머니를 간호했습니다. 하지만 정약용의 간절한 바람과 노력에도 어머니는 결국 세상을 뜨고 말았습니다. 1770년, 정약용은 고작 아홉 살이었습니다.

    어머니는 눈을 감기 전 정약용을 불러 유언을 남겼습니다.

    "네게는 남다른 총명함이 있으니 더욱 열심히 공부하여라. 너는 틀림없이 나라의 큰 인물이 되어 백성을 위해 일할 것이라고 믿는단다."

    어머니가 돌아가시자 어린 정약용은 하늘이 무너지는 듯한 슬픔을 느꼈습니다. 어머니를 잃은 슬픔으로 정약용은 한동안 울기만 했습니다. 늘 읽던 책도 읽기가 싫어졌고 아무것도 하지 못할

정도로 기운이 빠졌습니다. 아버지와 형제들과 북적대며 행복했던 집도 이제는 슬픔으로 가득 찼지요.

어머니가 떠나고 정약용은 큰어머니의 손에 길러졌습니다.

"귀농아, 네가 잘 씻고 잘 먹어야 어머니가 하늘에서 너를 보고 뿌듯해하지 않겠니."

"네, 큰어머니."

정약용은 마음을 굳게 먹고 다시 책을 읽고 공부를 하기 시작했습니다. 어머니의 유언을 따르기 위해서는 울기만 하면서 하루를 보내서는 안 된다고 생각했기 때문이죠.

정약용이 마음을 잡지 못하고 슬픔에 빠져 있을 때 아버지 정재원은 현감의 일이 바빠 같이 있어 주지 못했습니다. 그때 큰형 약현은 혼인을 해서 따로 살고 있었지만, 자주 집으로 와 어린 정약용을 보살폈습니다.

사실 약현은 약용과 낳아 준 어머니가 달랐습니다. 약현도 태어난 지 1년이 되지 않았을 때 어머니를 여의었지요. 그래서 정약용이 얼마나 어머니를 그리워하고, 어머니의 손길이 필요한지 잘 알고 있었습니다. 떨어져 살던 약현은 아버지가 윤씨 부인과 재혼한 후에 고향인 마현으로 돌아왔는데, 마치 남의 집에 온 것처럼 어색했습니다. 아버지와도 거리감이 느껴졌습니다. 이때 윤씨 부인은 좀처럼 적응하지 못하는 약현을 따듯하게 보듬어 주었습니다. 그랬던 새어머니가 돌아가시자 약현 역시 마음이 아팠고, 힘들어하는 정약용이 안쓰러웠습니다.

정약용은 자신보다 나이가 열한 살이나 많은 약현을 잘 따랐습니다. 특히 큰형의 글 읽는 소리를 좋아해 큰형이 오면 항상 옆에서 함께 책을 읽곤 했습니다.

* * *

얼마 후에 작은 마을의 현감으로 있던 아버지 역시 벼슬을 그만두고 다시 고향으로 돌아왔습니다. 정약용은 자연스럽게 아버지 정재원과 함께하는 시간이 많아졌습니다. 그리고 아버지에게서 학문을 배우기 시작했습니다. 유교의 가르침이 담긴 경서는 물론 역사, 문학 등 다양한 분야의 책을 읽어 나갔습니다. 또한 정약용은 유명한 중국 당나라 시인 두보의 시를 접하면서 글을 쓰는 실력도 날이 갈수록 좋아졌습니다.

정약용은 어머니가 살아 있었을 때처럼 다시 밝아졌지만, 그의 겉모습은 마치 집 없는 떠돌이 소년 같았습니다. 머리는 헝클어져 있었고 온몸에는 부스럼이 나거나 고름이 나기도 했습니다.

사실 정약용은 어렸을 때부터 몸을 씻는 것을 싫어했습니다. 어머니가 살아 있었을 때도 자주 씻지 않는 정약용이 병에 걸리지나 않을까 항상 걱정했습니다. 아버지 정재원도 정약용을 불러 몸을 깨끗이 하는 습관을 기르고 몸가짐을 바르게 해야, 학문을 닦을 때도 바른 마음으로 집중할 수 있다며 훈계하기도 했지요.

부모님의 말씀을 잘 따르던 정약용은 몸을 청결히 하는 습관을 들이려고 노력했습니다. 하지만 어머니가 돌아가시고 나서 다시 예전 습관이 되살아난 것이지요. 정재원은 어머니를 여읜 아들이 마음을 다잡고 열심히 공부하는 모습을 기특하게 여기면서도 제대로 보살핌을 받지 못한 모습에 가슴이 아팠습니다.

정재원은 정약용에게 새어머니가 필요하다고 생각했습니다. 그래서 정약용이 열두 살이 되던 해에 해인 김씨와 재혼을 했습니다. 그때 김씨 부인은 스무 살로 큰형 약현보다 세 살이 어렸고, 막내 약용보다 여덟 살 위였습니다.

김씨 부인은 어린 나이에 챙겨할 자식이 많은 집으로 시집을 온 것이었는데도, 아직 어려서 어머니의 손길이 필요했던 정약용을 살뜰하게 아꼈습니다. 새어머니는 말수가 적었지만 차분하고 지혜로웠습니다. 정약용은 새어머니 덕분에 전보다 행색도 좋아지고 더욱 밝은 모습이 되었습니다.

＊＊＊

어느 날 아버지는 정약용에게 그동안 썼던 시들을 모두 가져오라고 했습니다. 어마어마한 양의 종이들이 아버지 앞에 쌓였습니다. 아버지는 정약용이 쓴 시를 하나하나 정성껏 읽고 난 후 정약용을 칭찬했습니다.

"굉장하구나. 그동안 쓴 시들이 너의 키만큼이나 높이 쌓였다니. 글 솜씨도 예전보다 훨씬 좋아졌어. 이것으로 책을 만들어도 되겠구나."

아버지는 정약용이 지금까지 쓴 시를 추려 시집을 만들어야겠다고 생각했습니다. 시집 제목을 뭐라고 지을지 곰곰이 생각하다가 형제들을 모아 의견을 물었습니다.

"귀농이가 쓴 시를 모아 시집을 만들 것인데 뭐라고 이름을 지으면 좋을지 고민이구나."

"아버지, 약용이가 어렸을 때 앓은 천연두 자국으로 눈썹이 세 갈래로 나뉘어서 삼미자라는 별명이 붙었던 거 기억나십니까?"

"그럼, 그랬었지."

"별명으로 시집 제목을 지어서 《삼미자집》이 어떠십니까?"

"그거 참 재밌고 좋은 이름이구나."

아버지는 정약용을 불러 시집 이름을 《삼미자집》으로 하는 것이 어떠냐고 물어보았습니다. 정약용은 시집 이름이 무척 마음에 들었습니다. 그리고 자신이 쓴 시들이 책으로 만들어지는 것이 굉장히 신기했습니다.

이 시집은 어린 정약용의 첫 시집으로 매우 의미가 큽니다. 훗날 정약용이 수많은 책을 집필하는 데에도 영향을 주었지요. 자신의 생각을 엮어 책으로 만들 수 있음을 깨우쳤고 그러한 일에 거리낌이 없었기 때문에 훗날 그가 여러 분야의 책을 쓸 수 있었던 것이 아닐까요.

얼마 후 아버지는 《삼미자집》을 주변 사람들과 친분이 있던 학자들에게 보여주었습니다.

"우리 귀농이가 쓴 시집이네. 어떤가?"

"열 살도 되기 전에 쓴 시라니 도무지 믿기지 않을 정도로 훌륭하네."

"내 아들이지만 참 기특한 녀석일세."

이후 정약용은 더욱더 학문에 열중했으며, 시도 열심히 썼습니다. 공부를 하다가 모르는 것이 있으면 형이나 아버지를 찾아가 궁금증을 해결하기도 했지요.

***

정약용의 집에는 더 이상 그가 읽지 않은 책이 없었습니다. 그래서 당나귀를 끌고 이웃 마을에서 책을 빌려 오기도 했습니다. 여느 때와 같이 정약용이 이웃 마을에 책을 빌리러 가던 길이었습니다. 한 젊은 선비가 정약용의 모습을 보고 궁금증을 참지 못해 말을 걸었습니다.

"어린아이가 어쩐 일로 혼자 당나귀를 끌고 다니느냐?"

"빌린 책을 다 읽어서 갖다 주고 다른 책을 빌리려고 이웃 마을에 가는 길입니다."

선비는 깜짝 놀랐습니다. 당나귀에 실린 책이 적지 않았는데, 그 많은 책을 다 읽었다고 하니 놀랄 수밖에 없었지요.

그는 일찍이 과거에 급제해 한양에서 벼슬살이를 하는 '이서구'라는 선비였습니다. 이서구는 대제학˙과 판서˙를 거쳐 우의정˙까지 올랐던 대학자입니다.

"아니, 그럼 당나귀 등에 실린 모든 책을 다 읽었단 말이냐?"

"그렇습니다."

"대단하구나."

이서구는 진심으로 감탄했습니다. 사실 이서구는 예전에도 몇

번이나 당나귀 등에 짐을 싣고 가는 정약용의 모습을 보았습니다. 그것 역시 모두 책이었다면 어린아이가 굉장히 많은 책을 읽는 것이었지요. 선비는 아이가 대체 무슨 책을 읽는지 궁금했습니다.

"네가 지금 읽고 있는 책은 무엇이냐?"

"주희*가 지은 역사책《자치통감강목》입니다."

"네가 정말 그 책을 읽고 이해한단 말이냐?"

《자치통감강목》은 모두 59권으로 이루어진 책으로 어른이 읽기에도 매우 어려운 책이었습니다. 이서구는 정약용의 이름이 궁금해졌습니다. 정약용이 훗날 훌륭한 인재가 될 것이라 믿어 의심치 않았기 때문입니다.

"네 이름이 무엇이냐?"

대제학 궁중의 문서를 관리하고 임금의 자문을 구하는 기간인 홍문관과 임금의 말이나 명령을 대신해 짓는 일을 보던 예문관의 으뜸 벼슬을 말한다.

판서 국가 행정에 관련된 일을 하며 여섯 관부인 육조의 이조, 호조, 예조, 병조, 형조, 공조를 포함한 으뜸 벼슬을 말한다.

우의정 행정부의 최고 기관인 의정부에서 영의정, 좌의정과 함께 국가의 정책을 결정하는 최고 벼슬을 말한다.

주희 유학을 깊이 연구한 중국 송나라 학자로, 도교와 불교 사상을 유학에 합쳐 새로운 학문인 송학을 완성했다.

"저는 나주 정씨의 약용이라고 합니다."

"음, 정약용이라······. 네 이름을 잊지 않고 있겠다. 부디 열심히 공부해 큰 인물이 되거라."

정약용은 이서구에게 예의 바르게 인사하고 다시 갈 길을 갔습니다. 이서구의 예언대로 정약용은 훗날 이름을 드높인 학자가 되었죠. 정약용이 급제를 했을 때도 이를 전해들은 이서구는 그를 진심으로 축하해 주었습니다. 이렇게 정약용의 주변에는 그를 응원해 주는 사람이 많았습니다.

* * *

돌아가신 어머니가 생각날 때면 정약용은 외가에 들렀습니다. 어머니와의 추억이 많이 서려 있는 곳이기도 하고, 외가 서재에는 읽지 못한 책이 여전히 많았기 때문입니다.

"할아버지! 저 왔어요."

"귀농이가 또 왔구나. 오늘도 서재에서 책을 읽으려고 왔느냐."

"네, 할아버지. 오늘은 조금만 읽고 갈게요."

정약용은 할아버지께 인사를 드리자마자 서재로 달려갔습니다. 그리고 몇 시간이 흐른 뒤 다급히 할아버지를 찾았습니다.

"할아버지, 이 책들을 좀 더 보고 싶은데 빌려 가도 될까요?"

"그럼, 되고말고. 귀농이는 아직도 책 욕심이 많구나. 허허."

정약용은 이렇게 어머니가 유일하게 남긴 유언을 실천하며 하루하루를 보냈습니다. 정약용이 읽은 책들을 쌓으면 그의 키를 훌쩍 넘을 정도가 된 지 오래였습니다.

정약용은 책을 들고 집 근처에 있는 수종사에 가는 것도 좋아했습니다. 수종사에 가면 이상하게도 마음이 한결 편해지고 책에 더욱 집중할 수 있기 때문이었지요. 정약용이 이후 유배지에서 돌아오고 나서도 수종사에 자주 들렀을 만큼 그에게는 마음의 안식처 같은 공간이었습니다.

책을 오래 읽다가 머리가 아플 때는 잠시 밖으로 나왔습니다. 남한강과 북한강이 만나는 곳인 두물머리가 한눈에 보이는 곳까지 올라 경치를 감상하고는 했지요. 탁 트인 곳에서 시원한 바람이 불어오니 문장이 떠올랐습니다.

'물은 어두운 땅 안쪽 깊은 곳에서 솟아 나오고 종소리는 숲속 깊은 곳에서 울려 나온다. 이곳에 여러 번 왔지만 아직도 그윽한 깊이를 다 헤아리지 못하겠구나.'

수종사는 정약용이 자주 오는 곳이었으므로 익숙한 장소였습니다. 하지만 마음을 비우고 주변을 돌아보니 다 안다고 생각했던 것이 착각이었음을 깨달았습니다. 눈에 보이는 풍경이 새삼 낯설게 느껴졌습니다.

정약용은 더 나아가 공부도 이와 같다고 생각했습니다. 학문을 열심히 갈고닦고 있지만 아직 지식의 깊이가 얕아 모르는 게 훨씬 많다는 걸 깨우친 것입니다. 그동안 아버지나 주위의 어른들에게서 신동이라며 칭찬하는 말만 듣다 보니 어느 사이엔가 자만심이 생긴 건 아닌가 하고 반성하기도 했습니다. 정약용이 현재에 머무르지 않고 끊임없이 노력하고 공부를 게을리하지 않았던 이유는 이러한 깨달음을 얻었기 때문이겠지요.

이후에는 아버지와 함께 여러 지역을 돌아다니면서 백성이 실제 생활하는 모습을 접하기도 했습니다. 정약용이 직접 눈으로 본 백성의 생활은 충격적이었습니다. 그들은 일한 만큼 대가를 받지 못했고 늘 가난에 굶주렸습니다. 정약용은 백성의 현실적인 문제에 관해 관심을 갖기 시작했습니다.

'왜 백성들만 가난하고 굶주리는 것일까? 모든 사람이 함께 풍족하게 살 수는 없을까?'

정약용이 이런 고민을 하는 날은 점점 늘어났습니다.

> 정약용을 통해 본 조선 시대

정조가 훌륭한 왕으로 평가받는 이유는 뭘까?

1776년 영조가 세상을 떠나자 새로운 왕이 등극했습니다. 과연 누가 왕의 자리에 올랐을까요? 22대 왕이 된 정조는 바로 사도세자의 아들이었습니다.

정조가 왕이 되는 과정은 붕당 간의 갈등으로 평탄치 않았습니다. 당시의 붕당은 사도세자의 죽음을 둘러싸고 크게 두 세력으로 나뉘었습니다. 사도세자를 모함하고 죽음으로 몰고 갔던 노론과 그의 죽음을 막으려고 했던 남인입니다. 이들의 대립으로 조정은 매우 혼란스러웠습니다.

정조는 아버지 사도세자의 죽음에 분한 마음이 컸지만 나라를 안정시키기 위해 노력했습니다. 그래서 자신들의 권력을 유지하기 위해 아버지를 죽이는 데 큰 역할을 했던 노론을 쫓아내지 않았습니다. 대신에 사도세자의 죽음을 동정했으나 힘이 약했던 남인과 소론 세력의 인재를 적극적으로 관직에 올려 세력을 키울 수 있도록 도왔지요.

정조는 영조와 마찬가지로 당파와 관계없이 인재를 골고루 뽑는 탕평책을 펼쳤습니다. '탕평'이란 한 정치 세력의 힘이 세지지 않도록 조절하는 정치를 뜻합

《선원계보기략》에 있는 정조의 초상화

니다. 정조는 여러 붕당의 관리들이 서로 견제하면서 좋은 정치를 할 수 있도록 힘썼습니다.

영조는 탕평 정치를 하면서 모든 부문의 나랏일에 직접 명령을 내렸습니다. 그래야 왕의 힘이 세지고, 신하들은 왕의 명령에 따라야 하니 자연히 힘이 줄어들 수밖에 없기 때문입니다. 하지만 이러한 영조의 탕평책은 붕당 정치의 문제를 근본적으로 해결한 것은 아니었습니다. 강력한 왕권으로 붕당 사이의 다툼을 일시적으로 억누른 것에 불과했습니다.

정조는 탕평책을 오래 유지하기 위해, 영조 때 세력을 키워 온 내시들과 임금의 친척이라는 이유로 능력 없이 권세를 부렸던 신하들을 자리에서 내쫓았습니다. 그리고 능력 위주로 사람을 뽑고, 붕당을 떠나 주장이 옳은지 그른지만을 가려 정책을 선택했습니다.

이를 뒷받침하기 위해 만든 제도 중 하나가 초계문신제도입니다. 어느 세력에도 속하지 않은 새로운 인재를 뽑거나 중하급 관리 중에 유능한 사람을 다시 가르쳐 높은 관직을 주는 제도입니다. 붕당의 힘이 너무 커지는 것을 막고 왕의 권력과 정책을 뒷받침하기 위한 것이지요.

또 정조는 왕립도서관인 규장각을 만들어 젊은 학자들이 학문을 연구하는 것을 도왔습니다. 할아버지 영조의 뒤를 이어 탕평책을 추진했던 정조는 자신을 따르는 세력을 만들어야 했습니다. 그렇기 때문에 붕당에 관계없이 유능한 젊은 학자들을 모아 규장각에서 공부하도록 한 것입니다. 정조는 규장각을 학문과 정치를 연결하는 중심 기관으로 키우고자 했고, 이때 규장각에서 공부한 인물이 바로 실학자 정약용이었습니다.

정조는 문화적으로도 많은 신경을 써서 《대전통편》, 《동문휘고》, 《탁지지》, 《규장전운》 등 수많은 책을 펴내기도 했습니다. 이와 같은 정조의 노력으로 조선의 정치와 사회는 어느 때보다 안정되고 백성의 살림도 전보다 좋아졌습니다.

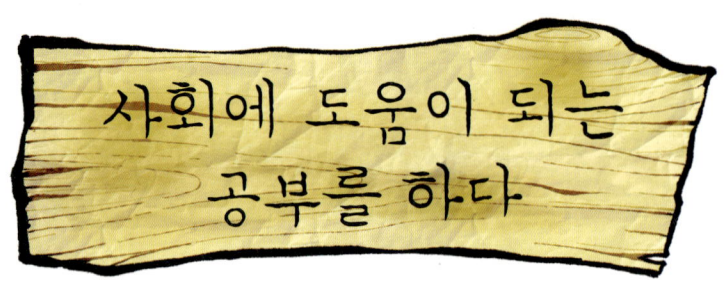

사회에 도움이 되는 공부를 하다

정약용은 어느새 열다섯 살이 되었습니다. 정약용은 승지* 홍화보의 딸 풍산 홍씨와 혼인을 했습니다. 당시 조선 시대의 결혼은 지금과 달리 매우 이른 나이에 이루어졌습니다. 남자는 가문을 잇기 위해 열두 살 정도만 되어도 결혼을 해야 했지요. 또한 부모끼리 집안을 보고 자식의 결혼 상대를 정했기 때문에, 혼례를 치르는 당일이 되어서야 신랑 신부가 서로의 얼굴을 처음 보

승지 왕의 비서 기관이라고 할 수 있는 승정원에서 왕명의 출납을 맡는 벼슬이다. 도승지, 좌승지, 우승지, 좌부승지, 우부승지, 동부승지로 6명이 있다.

는 경우도 있었습니다.

정약용은 결혼을 하고 '귀농'이라는 아명 대신 '약용'이라는 관명을 썼습니다. 조선 시대 사람들은 결혼하기 전까지는 어릴 때 부르는 아명을 썼습니다. 이후 결혼을 하면 어른이 되었다는 의미로 공식적인 이름을 썼지요. 정약용에게는 '미용'과 '송보'라는 '자'가 주어졌습니다. 자는 이름 대신 부르는 호칭으로, 조선 시대 사람들은 아무리 친한 사이라도 서로 이름을 부르는 것은 예의에 어긋난다고 생각했기 때문입니다.

같은 해에 나라에도 큰일이 생겼습니다. 52년간 나라를 다스렸던 영조가 죽고 손자인 정조가 왕위에 오른 것입니다. 정조는 뒤주에 갇혀 죽은 사도세자의 아들이기도 합니다. 정조는 사도세자의 묘를 수원으로 옮기고 커다란 왕릉을 지어 화려하게 꾸몄습니다. 그리고 아버지 사도세자의 원한을 풀어 주기 위해 역모[●]에 참여한 사람들에게는 벌을 줬습니다. 사약을 내리기도 하고 귀양을 보내기도 했지요.

또한 훌륭한 인재를 찾아내 조정에서 일하도록 했습니다. 그중

역모 누군가를 배반하는 사건을 만드는 것.

한 명이 바로 정약용의 아버지 정재원이었습니다. 정조는 정치 싸움만 하는 관리들을 피해 벼슬에서 물러나 있었던 정재원을 조정으로 불러들였습니다.

이때 정약용도 아버지를 따라 한양으로 올라왔습니다. 작은 마을에서만 살았던 정약용에게 많은 사람이 드나드는 한양은 정신이 없었지만 신기한 것도 많았습니다.

* * *

정약용은 한양에 살고 있는 누이의 집에 자주 찾아갔습니다. 누이의 남편인 이승훈은 정약용보다 여섯 살 위였으며, 정약용처럼 학문을 익히는 것을 좋아했습니다.

"처남, 한양에 오니 어떤가? 더 좋지 않은가?"

"뭐, 사람 사는 곳이 다 같지요. 한양이라고 더 좋은 일이 있겠습니까?"

"한양은 조선의 중심지야. 정치와 학문이 모두 이곳에서 시작되지. 한양에 올라온 이상 내가 앞으로 처남을 물심양면*으로 도와 주겠네."

이승훈은 정약용이 시를 잘 짓고 지식이 깊다는 사실을 잘 알고 있었습니다. 그래서 그가 한양에서 다양한 학문을 익히고 여러 경험을 하길 바랐습니다.

"자네는 혹시 공부하면서 답답한 적은 없었나? 조선의 선비들은 성리학 이야기만 하면서 탁상공론●에 빠져 있지 않나. 나는 그런 학문으로는 백성이 편안해지거나 나라가 부강해진다고 생각하지 않네."

"형님도 그런 생각을 하셨습니까?"

정약용은 이승훈과 생각이 비슷한 부분이 많다고 느꼈습니다. 정약용 또한 선비가 백성의 안위를 생각하지 않고 과거 공부에만 몰두하는 것을 탐탁지 않게 생각했지요. 정약용은 백성이 잘살 수 있도록 실생활에 도움이 되는 학문을 배우고 싶었습니다.

한편 정약용은 아버지로부터 유교의 사상과 교리가 담긴 경서와 역사책을 배우면서 과거 시험을 준비했습니다. 그는 이른 새벽부터 밤이 깊을 때까지 공부에 매진했습니다. 아버지는 정약용의 방에 밤늦게까지 등불이 밝혀진 것을 보고 매우 기특해했습니다.

물심양면 물질적인 것과 정신적인 것, 둘 다를 말한다.
탁상공론 현실성이 없는 이론을 말한다.

'저렇게나 공부를 열심히 하다니, 뭐든 될 녀석일세.'

한양에 와서도 정약용은 책에서 손을 떼지 않았습니다. 그러던 중 정약용은 서재에서 새로운 책을 발견했습니다. 실학자 성호 이익이 쓴 《성호사설》이었습니다. 《성호사설》은 이익의 사상을 정치, 경제, 철학, 과학 등으로 나눠 정리해한 책입니다. 정약용은 형제들과 매형 이승훈도 이 책을 즐겨 보았던 것을 떠올렸습니다.

정약용은 《성호사설》을 모두 꺼내 천천히 읽기 시작했습니다. 몇 장을 채 넘기기 전에 그의 입에서는 탄성이 흘러나왔습니다.

"이 책은 그동안 읽어 왔던 책들과 달라."

《성호사설》은 그동안 정약용이 읽은 어떤 책들과도 비교할 수 없을 정도로 생활에 꼭 필요한 지식이 담긴 책이었습니다. 서양의 천문학을 기본으로 해와 달과 별의 운동 원리를 논리적으로 설명하고 있었고, 조선이 중국의 신하 나라가 아니라 단군을 기원으로 하는 독립된 나라임을 근거를 들어 주장하고 있었습니다.

"조선이 가진 문제점을 제대로 파악하고 있을 뿐만 아니라 해결 방법도 제시하고 있어."

정약용은 《성호사설》에 점점 빠져들었습니다.

* * *

《성호사설》을 다 읽은 후 정약용은 매형 이승훈을 찾아갔습니다. 이승훈은 깜짝 놀랐습니다.

"벌써 30권이나 되는《성호사설》을 다 읽었다고?"

이승훈은 정약용을 가만히 바라보며 물었습니다.

"그 책을 읽고 무엇을 느꼈는가?"

"저는 서양의 문물이 그렇게 놀라운 것인지 몰랐습니다.《성호사설》을 읽고 나서야 조선에 문제가 많다는 것도 알았지요. 조선과 더 넓은 세계가 어떻게 돌아가는지도 모르고 과거 시험을 준비하는 데 급급했던 저를 반성했습니다."

이승훈은 정약용이 대견했습니다. 자신의 부족한 점을 인정하는 것은 쉬운 일이 아닙니다. 하지만 정약용은 솔직했고, 어린 나이에 배움에 대한 마음이 열려 있었습니다.

"음, 우리 외숙부님 댁으로 같이 가 보지 않겠는가? 외숙부님은 성호 선생의 증손자로 선생의 학문을 이어 가고 계시니 귀담아 들을 이야기가 있을 걸세. 어떤가?"

이튿날 정약용은 설레는 마음으로 이승훈의 외숙부인 이가환을 만나러 갔습니다. 이가환은 20대 초부터 학문이 뛰어나다고 온 나라에 소문이 난 학자였습니다. 정조도 이가환의 소문을 듣고 그를 불러 역사와 천문, 지리에 대해 의견을 물었을 정도였습니다.

이기환의 집은 성호 이익의 가르침을 받으려고 찾아온 선비들로 북적거렸습니다. 정약용이 도착했을 때는 마침 선비들이 토지 문제를 놓고 열띤 토론을 벌이고 있었습니다.

정약용은 이 모든 상황이 신기하면서도 격식 있는 선비들과 마주 앉아 실학에 대한 이야기를 나눌 수 있다는 사실에 흥분을 감추지 못했습니다.

그때 점잖게 생긴 한 선비가 말했습니다.

"지금 토지 문제가 가장 시급합니다. 돈 많은 사람이 농민의 토지를 빼앗고 횡포를 부리는데, 열심히 농사를 짓고 사는 백성은 수확한 곡식을 여기저기에 빼앗겨 점점 더 가난해지고 있습니다."

그러자 옆에 앉아 있던 선비가 고개를 끄덕이면서 말을 덧붙였습니다.

"저도 같은 생각입니다. 농사를 짓고 사는 평민은 소작료와 세금을 떼이고 나면 먹고살기가 힘들다고 아우성입니다."

모두들 정약용과 같은 고민을 가지고 있는 듯했습니다. 다른

선비가 이어서 이익의 이야기를 꺼냈습니다.

"성호 선생의 말씀대로 백성이 최소한의 토지를 가질 수 있도록 해야 합니다."

정약용은 이익의 이야기가 나오자 입을 열었습니다.

"성호 선생의 토지 개혁안을 이야기하시는군요. 저도 그분의 말씀에 동의합니다. 그런데 성호 선생의 말씀 중에 지금 땅의 소유는 그대로 두자고 하신 말씀은, 어떤 의미인지 잘 이해가 가지 않습니다. 농민이 땅을 가지려면 현재 땅을 가장 많이 가진 사람이 땅을 내놓아야 하지 않습니까."

정약용이 당당하게 자신의 의견을 말하는 모습을 대견하게 지켜보던 이가환이 웃으면서 말했습니다.

"저도 처음에는 여러분이 생각하는 것처럼 같은 부분을 걱정했지요. 지금의 토지 문제를 찬찬히 살펴볼까요. 다른 분이 이야기하셨듯이 소수의 대지주에게 토지가 집중되고 대다수의 농민이 토지를 갖지 못한 채 농사만 지어야 하는 소작농으로 전락했습니다. 하지만 몇 안 되는 적은 땅을 가진 소지주가 아직 남아 있기도 합니다. 성호 선생께서는 이 소지주를 보호하자는 의미로 말씀하신 겁니다. 돈 많은 대지주가 가난한 소지주에게서 자꾸 땅을 사들이니 더 이상 땅을 사지 못하게 하자는 거지요."

이가환은 둘러앉은 선비들과 정약용까지 한 명씩 눈을 맞추며 말을 이어 나갔습니다.

"다행히 전하께서는 잘못된 부분을 고치고 나라를 바로잡기 위해 온 힘을 쏟고 계십니다. 그러니 여러분도 열심히 공부하셔서 잘못된 제도를 바로잡고 나라를 바르게 이끌어 주시길 바랍니다."

이가환이 이야기를 마치자 같이 있던 선비들과 정약용의 눈빛은 긴 토론을 나누기 전보다 더 빛났습니다.

정약용이 살았던 정조 시대에는 이처럼 나라를 바로잡고 백성이 잘살 수 있는 방법을 공부하는 선비들이 곳곳에 있었습니다. 이런 선비들을 '실학자'라고 하며, 실학은 나라와 백성에게 실질적으로 보탬이 되는 학문을 뜻합니다. 현재의 과학이나 의학, 농업, 행정 제도 등을 연구하는 학문입니다.

이때 정약용은 백성에게 직접 도움이 되고, 나라의 발전에도 꼭 필요한 학문을 연구하는 실학자가 되기로 결심했습니다.

* * *

정약용이 실학에 열중하는 동안 아버지 정재원은 전라도 화순

현감으로 임명되었습니다. 정재원은 정약용이 화순으로 같이 내려가기를 바랐습니다. 하지만 정약용은 한양에 남아 실학에 관한 책을 더 읽으면서 과거 시험을 준비하고 싶었습니다. 아버지는 정약용이 무엇을 하고 싶어 하는지 알았지만, 책에만 파묻혀 있는 것보다 직접 백성의 삶을 보면서 알아가는 것도 중요하다고 생각했습니다. 정약용은 아버지의 깊은 뜻을 이해하고 전라도 화순으로 함께 내려갔습니다.

아버지 말씀대로 화순에서의 생활은 정약용에게 큰 도움이 되었습니다. 한양에 있을 때는 책만 가까이 했다면 화순에서는 백성을 가까이서 지켜볼 기회가 많았기 때문입니다. 특히 벼슬아치들이 더 많은 재산을 갖기 위해, 혹은 더 높은 벼슬에 오르기 위한 뇌물로 쓰기 위해, 여러 이유를 붙여 백성의 재산을 빼앗는 모습을 목격하기도 했습니다. 이는 어떠한 책에서도 알려 주지 않았던 백성의 삶이었지요.

이러한 모습을 보면서 정약용은 나라와 백성이 잘살려면 사회 제도부터 바르게 뜯어고쳐야 한다고 생각했습니다. 그러니 자신이 과거에 급제해 벼슬길에 오르면 잘못된 제도를 고치고 비리와 부정을 없애 나라를 개혁하겠다는 의지를 다잡았습니다.

1779년 정약용은 성균관에서 보는 승보시에 합격했습니다. 승보시는 관리가 되기 전의 교육 기관인 성균관에 입학할 자격을 주기 위해 유생들의 실력을 가리는 시험입니다. 이 시험에 합격한 사람에게만 벼슬을 할 수 있는 과거 시험에 응시할 자격이 주어졌습니다. 정약용은 자신감이 생겨 과거 시험 공부에 더욱 몰두했습니다.

다음 해에 아버지 정재원은 경상도 예천 군수로 자리를 옮겼습니다. 정재원은 다른 지방 관리와 다르게 윗사람에게 뇌물을 바치거나 아부를 하지 않아 한양에서 먼 지방으로 떠돌기 일쑤였습니다.

* * *

정약용은 아버지가 예천 군수로 옮기기 전 장인어른인 홍화보를 찾았습니다. 홍화보는 당시 **병마절도사**°로 진주에서 근무하고 있었습니다. 그동안 자신을 위해 친정에도 제대로 내려가지 못한 부인을 위해 며칠간 진주에서 묵기로 했습니다.

병마절도사 조선 시대 각 지방의 군사를 지휘하던 벼슬.

홍화보는 오랜만에 만난 사위를 위해 진주 촉석루에서 잔치를 벌였습니다. 촉석루는 임진왜란 때의 이야기가 많이 남아 있는 역사적인 곳입니다.

1592년 진주성 싸움에서는 4000명도 안 되는 군사가 수만 명의 일본군을 무찔렀습니다. 하지만 이듬해 일본군은 더 많은 군대를 이끌고 다시 진주성을 공격했습니다. 두 번째 싸움에서 진주성은 함락되었고 왜군은 승리를 축하하기 위해 잔치를 벌였습니다. 그때 기생이던 논개는 잔치에 불려 갔고, 복수를 위해 왜군 장수를 껴안고 남강으로 몸을 던졌습니다. 그 장소가 바로 촉석루입니다.

홍화보는 정약용에게 말했습니다.

"왜군이 우리나라로 쳐들어와 나라를 쑥대밭으로 만든 것도 분한 일이지만 더욱 분한 일이 있네."

"그게 무엇인가요?"

"관리들이 붕당 싸움에만 정신이 팔려 진주성에서 용감히 싸운 백성을 돌보지 않은 것이지."

홍화보는 그 생각만 하면 분노가 솟구친다는 표정이었습니다. 정약용 또한 홍화보의 이야기를 들으니 화가 났습니다.

"그런데 양반들은 논개가 기생이라고 해서 업적을 인정하는 것조차 반대하지 않았습니까?"

임진왜란이 끝나고 나라에서는 전쟁에 공을 세운 사람들에게 상을 주었습니다. 충신, 효자, 열녀의 이야기를 모아 책을 만들기도 했습니다. 하지만 양반들은 논개가 기생이었기 때문에 상을 줄 수 없다고 주장했고, 그녀의 훌륭한 업적은 책에도 실리지 못했습니다.

홍화보는 정약용에게 자신의 신념을 굳게 지킨 논개에 대한 글을 짓기를 권했고, 정약용은 장인의 뜻을 받아들여 〈진주의기사기〉라는 글을 썼습니다.

> 보잘것없는 한 여자가 적장을 죽여 보국(報國)을 하였으니 군신(君臣) 간의 의리가 환히 하늘과 땅 사이에 빛나서, 한 성에서의 패배가 문제되지 아니했다. 이 어찌 통쾌한 일이 아닌가.

* * *

정약용의 하루는 예천에 내려와서도 변함이 없었습니다. 꾸준히 과거 시험을 준비하면서 실학 공부도 소홀히 하지 않았죠. 또

화순에 있을 때처럼 마을을 돌면서 백성의 삶을 가까이에서 살피려고 노력했습니다.

예천에서의 생활에 적응될 즈음 아버지는 벼슬을 그만두고 다시 고향 마현으로 돌아왔습니다. 정약용은 아버지와 헤어져 과거 시험을 보기 위해 아내와 함께 한양으로 올라가기로 했습니다. 아버지는 한양으로 떠나는 정약용에게 격려의 말을 해 주었습니다.

"그동안 내 옆에서 백성의 생활을 지켜보면서 많은 것을 느꼈을 것이다. 과거 시험도 열심히 준비했으니 꼭 원하는 결과를 얻도록 해라."

1783년, 정약용은 스물두 살의 나이로 복시에 합격해 진사가 되었습니다.

과거 시험은 크게 소과와 대과로 나누어지는데 소과는 높은 관리가 되기 위한 예비 시험이었습니다. 소과에 합격하면 생원이나 진사가 되었습니다. 생원이나 진사가 되면 선비로 인정받고 하급 관리가 될 수 있었으며, 조선 시대 최고의 교육 기관인 성균관에도 입학할 수 있었습니다.

이 소식을 들은 아버지와 어머니, 부인은 무척 기뻐했습니다.

"드디어 우리 약용이가 꿈을 이루었구나."

　정약용의 급제를 축하하는 또 한 사람이 있었습니다. 어린 시절에 그를 눈여겨보았던 대학자 이서구였습니다. 이서구는 정약용을 축하해 주기 위해 직접 찾아왔습니다.

　"어렸을 때부터 너는 참 남달랐다. 역시 나의 기대를 저버리지 않는구나. 부디 그때 이야기했던 것처럼 나라의 큰 학자가 되기를 바란다."

　"감사합니다."

　정약용은 이서구에게 감사의 마음을 전했습니다.

　정약용은 드디어 오랫동안 바라던 꿈을 향한 첫걸음을 떼었다

는 사실에 마음이 들떴습니다. 앞으로 더 노력해 백성을 위한 정치를 펼치겠다는 굳은 결심으로 정약용의 눈은 어느 때보다 빛났습니다.

> 정약용을 통해 본
> 조선 시대

정약용은 왜 실학자가 되고 싶었을까?

실학

17~18세기의 조선 후기는 새로운 학문과 사상이 생겨난 시기입니다. 바로 실학이지요. 실학은 사회와 경제생활이 크게 바뀌면서 생겨난 여러 문제와 모순을 해결하기 위해 나타난 학문이자, 시대의 변화에 맞추어 사회를 개혁하자는 주장을 담은 이론입니다.

새로운 학문은 이수광, 한백겸 등에 의해 시작되었습니다. 이수광은 서양과 청의 문물을 긍정적으로 소개하는 등 실학을 조선에 자리 잡게 한 학자입니다. 그는 처음으로 한국 최초로 백과사전 형식의 책인 《지봉유설》을 쓰기도 했지요. 이 책은 서양 문물을 조선에 소개하는 데 큰 역할을 했습니다. 한백겸은 《동국지리지》라는 책을 통해 여러 고서에서 뽑은 내용을 엮어 조선의 지리를 상세하게 정리했습니다.

이후로 실학은 농업을 중심으로 한 개혁론, 상공업을 중심으로 한 개혁론과 우리나라의 어문학, 역사, 철학, 농학 등을 포함한 국학 연구 등으로 분야가 나뉘었습니다. 여기에 청나라에서 넘어온 고전을 연구하는 고증학과 서양 과학의 영향을 받기도 했습니다.

실학은 18세기에 들어 가장 발전했습니다. 대부분의 실학자는 백성의 생활 안정과 부국강병을 목표로 했습니다. 그래서 이상적인 이론만 펴는 기존의 학문을 비판했고, 실제 사회의 경험과 관찰, 실험을 근거로 한 사회 개혁을 주장했습니다. 이러한 실학자들을 '이용후생 학파' 또는 '북학파'라고 불렀습니다.

18세기 전반에 농업 중심의 개혁론을 주장한 실학자들은 신분별로 구분을 두어 토지를 나누자는 주장과 농사를 지을 수 있는 토지를 지급하자는 주장 등 농민의 입장에서 토지 제도를 비롯한 각종 제도의 개혁을 추구했습니다. 이 실학자들을 '경세치용 학파'라고 부릅니다.

실학자들은 공통적으로 농민 생활의 안정을 위해 토지 제도를 바꿔야 한다고 생각했습니다. 정약용도 농업 중심 실학자 중 한 명입니다. 또한 정약용은 이익의 실학 사상을 따르면서 실학을 집대성한 최고의 학자로 평가받습니다.

이익의 《성호사설》

《성호사설》에는 무려 3007편의 항목에 관한 글이 천지문, 만물문, 인사문, 경사문, 시문문 등 크게 다섯 가지 문으로 분류되어 실려 있습니다.

'천지문'은 천문학과 자연과학, 역사, 지리에 관한 내용을 다루고 있습니다. '만물문'은 의식주의 생활 문제와 화폐, 단위를 재는 도량형 등을 다루고 있습니다.

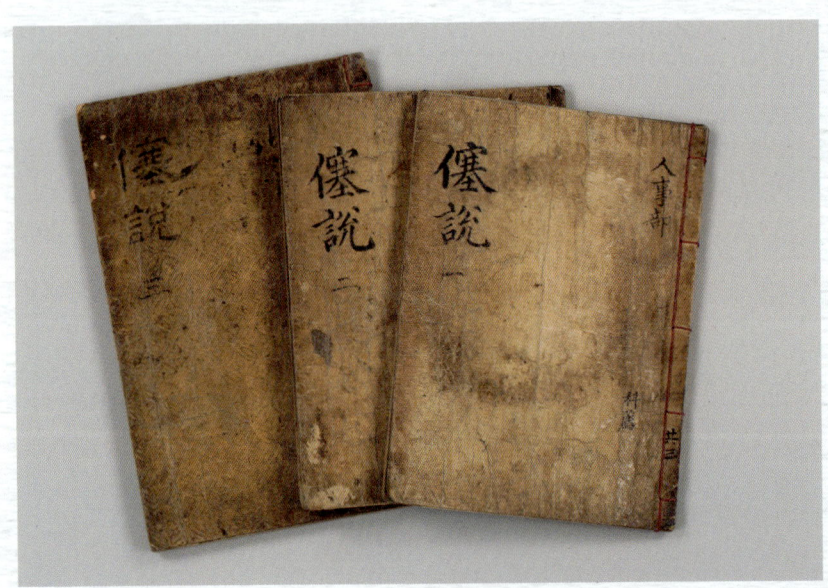

이익의 《성호사설》

'인사문'에는 사회생활과 관련된 정치, 경제에 관한 항목이 담겨 있습니다. '경사문'에는 유교와 역사가, '시문문'에는 중국과 조선의 시와 문장에 대한 비평이 담겨 있습니다.

《성호사설》은 이수광의 《지봉유설》의 사상과 형식을 이어받아 경학*과 경세*에 초점을 두고 여러 분야의 학문을 다루고 있습니다. 당시 조선 사회의 문제를 여러 분야에 걸쳐 구체적으로 다루고 그에 대한 해결책까지 제시했습니다.

특히 '인사문'에서는 붕당 간의 싸움을 가장 큰 정치 문제로 보았고, "각 붕당이 내세우는 의견이 절대적이라며 싸우는 것은 스스로 나라를 망치는 것과 같다."라고 비판했습니다.

그 외에도 과거제도 문제를 비롯해, 당시 농민의 생활을 궁핍하게 만든 화폐제도, 후처가 낳은 자식인 서얼의 차별을 두는 제도, 노비제도 등에서 고쳐야 할 점을 지적했습니다.

《성호사설》은 이처럼 다양한 분야에서 실학의 유용한 점을 알려 주는 책입니다. 이 책을 통해 후학들이 어떤 방향으로 실학을 연구하고 발전시켜 나가야 하는지를 보여주었다는 점에서 큰 의미가 있습니다.

경학 중국 유학에서 기본으로 익혀야 할 경전인 《논어》, 《맹자》, 《중용》, 《대학》의 사서와 《시경》, 《서경》, 《주역》, 《예기》, 《춘추》인 오경을 연구하는 학문이다.

경세 나라에서 정한 제도와 법규에 대한 내용.

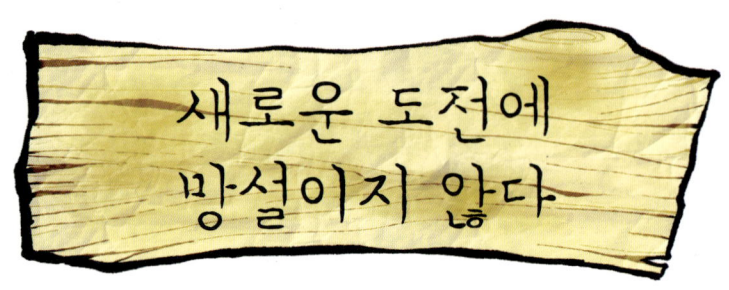

새로운 도전에 망설이지 않다

소과에 합격한 정약용은 성균관에 입학한 후 스물세 살이라는 어린 나이에 경연에 나갔습니다. 경연이란 왕이 유학 경전이나 역사에서 의문점이나 문제를 내면 신하가 답을 말하거나 함께 토론하는 자리입니다. 정조는 이 자리에서 처음으로 정약용을 눈여겨보았습니다.

그때 정약용은 유학의 주요 경전 중 하나인 《중용》에 대해 토론하면서 율곡 이이의 이론을 근거로 들어 주장했습니다. 이것은 놀라운 일이었습니다. 이이는 노론 세력의 인물이었기 때문이죠. 아버지처럼 남인이었던 정약용은 반대 세력의 학설임에도 이이의 이론에서 좋은 점을 들어 설명한 것이었습니다.

정조는 세력에 관계없이 공정하게 좋은 점을 취해 의견을 내는 정약용의 모습에 크게 놀랐습니다. 그리고 정조 역시 율곡 이이의 이론을 긍정적으로 받아들이고 있었기 때문에 더욱 정약용을 높게 평가했지요. 토론이 끝나고 정조는 승지에게 말했습니다.

"지금까지의 토론자 중에서 정약용이 가장 뛰어나오. 이해하기 쉽도록 잘 설명해 주어서 귀에 잘 들렸소. 그가 나라에 도움이 될 훌륭한 인물이 되어줄 거라 기대가 크오."

이 말을 들은 승지가 정약용에게 전했습니다.

"전하께서 그대의 의견이 가장 흡족하다고 하셨네."

"과찬이십니다. 앞으로 더 열심히 정진하라는 뜻으로 알겠습니다."

정조는 토론 이후 정약용을 직접 불러 시를 짓게 하거나 함께 이야기를 나누기도 했습니다. 정조는 정약용을 알면 알수록 인품과 학식이 뛰어나 자주 곁에 두고 이야기하고 싶어 했습니다.

"전하, 부르셨습니까?"

"다름이 아니라 요즘 마음이 울적해 그대의 시가 한 편 듣고 싶어 불렀소."

"네, 전하. 제가 시를 한 수 지어 바치겠습니다."

정약용은 머리를 조아리면서 임금을 위해 시를 짓기 시작했습니다. 잠시 후 자신이 지은 시를 직접 낭송했습니다. 정조는 정약용이 시를 한 구절 한 구절 읊을 때마다 부채로 장단을 맞추며 즐거워했습니다.

"자네의 시는 언제 들어도 참 좋소. 참으로 뛰어난 문장이오, 허허. 그대에게 상을 내려야겠소."

정조는 정약용에게 조선 역대 임금의 뛰어난 업적 중에서 모범이 될 만한 일을 엮은 역사책인 《국조보감》이라는 귀한 책과 종이를 상으로 내렸습니다. 종이가 귀하던 시절에 종이와 책을 상으로 받는 것은 매우 영광스러운 일이었지요.

정조는 그 뒤로도 마음이 울적하거나 위로가 필요할 때면 정약용을 자주 불렀습니다. 그러곤 시를 짓게 하거나 낭송하게 한 후에 책, 종이, 붓 등을 상으로 내렸습니다. 정약용은 그럴 때마다 임금에게 큰절을 올리며 감사한 마음을 전했습니다.

곧 정조가 정약용을 신임한다는 소문이 궁궐 안에 퍼졌습니다. 신하들은 정약용에 대한 소문을 듣고 그가 어떤 인물일지 궁금해했습니다. 또한 정조의 신임을 받는 정약용을 부러워하거나 시기하는 사람도 생겼습니다. 하지만 정약용은 아랑곳하지 않고 묵묵히 자신의 일에 집중했습니다.

'이럴 때일수록 내 일에 흐트러짐이 없어야 한다.'

정약용은 젊은 나이에 생원시에 합격한 이후 성균관에서도 뛰어난 학식으로 두각을 드러냈습니다. 정조는 정약용이 성균관에서 치르는 여러 시험에서 좋은 성적을 거둘 때마다 그 해에 출간된 책을 정약용에게 상으로 내리기도 했습니다.

정약용은 책을 하도 많이 받아 더 이상 받을 책이 없을 지경에 이르렀습니다. 급기야 그는 군인을 훈련시키는 방법이 쓰인 《병학통》까지 받았습니다. 임금이 학문을 하는 신하에게 《병학통》을 내려 주는 것은 아주 드문 일이었습니다. 정조는 정약용이 문신이지만 장군의 기상도 가지고 있으니 특별히 책을 전한다고 덧붙였습니다.

* * *

정조의 신임을 받아 나날이 **승승장구***할 것 같았던 정약용은 벼슬을 받을 수 있는 대과에 무려 4번이나 떨어졌습니다. 이때 남

승승장구 싸움에서 이긴 기세를 타고 계속해 몰아붙이는 일.

인은 노론보다 힘이 약했기 때문에 노론의 교묘한 방해로 남인인 정약용은 과거 시험에 통과하기가 어려웠습니다.

  그러자 정약용의 생활은 점점 어려워졌습니다. 정약용은 아내와 아들이 자신 때문에 굶주리는 것이 안타까워 〈호박〉이라는 시를 짓기도 했습니다.

장맛비 열흘 만에 모든 길이 끊어지고
성안에도 시골에도 밥 짓는 연기 사라졌네
성균관에서 글 읽다 집으로 돌아오니
문을 들어서자 들리는 떠들썩한 소리
들어 보니 며칠 전에 끼닛거리 떨어져
호박으로 죽을 쑤어 근근이 먹었는데
어린 호박 다 따 먹고 늦게 핀 꽃 지지 않아
호박 아직 안 열렸으니 이 일을 어찌하랴
항아리같이 살진 옆집 마당의 호박 보고
계집종이 남몰래 도둑질을 해서
충성을 다했으나 도리어 야단맞네
누가 네게 도둑질을 가르쳤느냐 심하게 볼기 맞고 꾸중 듣더라

아서라 죄 없는 아이 꾸짖지 마라
이 호박 나 먹을 테니 다시는 말하지 마라
옆집 가서 떳떳하게 사실대로 말하라
오릉의 중자• 작은 청렴 달갑지 않다
이 몸도 때 만나면 출셋길 열리리라
안 되면 산에 가서 금광이나 파야지
책 만 권 읽었다고 아내 어찌 배부르랴
두 마지기 논만 있어도 계집종 죄 안 지었을 것을.

가난해서 하인이 도둑질을 할 수밖에 없었던 상황을 시로 표현한 것입니다. 그러면서 정약용은 진정한 도둑은 남의 돈을 빼돌리거나 감사를 제대로 하지 않은 부패한 관리들이라고 비판했습니다. 정약용의 이런 생각은 훗날 그가 쓴 책《목민심서》에 잘 나타나 있습니다.

정약용은 드디어 1789년 문과에 급제해 희릉직장이란 직함의 벼슬을 시작했습니다. 희릉은 오래전 왕후의 능으로, 희릉직장은

오릉중자 옛날 중국 제나라 때의 귀족이었으나 지나치게 청렴하여 직접 일하며 살았다고 한다.

왕족의 무덤을 관리하는 기술적인 일이었습니다. 이후 임시 관직인 부사정, 비서기관인 승정원 소속의 가주서, 왕의 명령과 역사에 남길 왕실의 기록을 쓰는 예문관검열 등 빠른 시간에 벼슬이 높아졌습니다.

게다가 왕과 점점 가까이에서 일하는 관직으로 바뀌었기 때문에 왕이 정약용을 아낀다는 말이 조금씩 퍼졌습니다. 그러자 정약용을 시기하는 사람들이 더욱 늘어났습니다. 그들은 정약용의 약점을 찾기 시작했지요. 그러던 중 정약용이 서학을 공부하고 있다는 것을 알아냈습니다.

* * *

서학이란 서양의 학문을 뜻합니다. 청나라에 있는 서양인 선교사에 의해 전해진 천주교 사상, 천문학이나 지리학 등의 근대 과학 기술 등이 해당되죠. 서학은 당시 중국을 오가며 외교관 역할을 하던 조선 사신들에 의해 알려졌습니다. 그중 깨어 있는 몇몇이 중국의 예수회 선교사와 교류하며 서양의 과학 기구와 한자로 쓰인 다양한 서학에 대한 책들을 가지고 조선으로 돌아왔습니다. 이 책들이 조선의 학자 특히, 실학자에게 큰 영향을 끼친 것입니다.

정약용의 매형인 이승훈은 우리나라 최초로 세례를 받은 천주교인이기도 하지요. 서학에 관심이 있던 이승훈은 1783년에 아버지를 따라 중국 북경에 가서 천주교 세례를 받고 돌아왔습니다. 이는 천주교를 학문의 하나로 받아들이던 것에서 벗어나 종교로서 천주교를 믿기 시작했음을 뜻합니다. 조선에 돌아온 이승훈은 훗날 최초의 순교자가 된 김범우와 신앙 모임을 만들어 천주교를 전파하고 이벽 등과 교리를 연구했습니다. 이벽은 정약용과 성균관 시절 함께 생활했던 벗이자, 큰형수의 동생이지요.

이승훈은 중국에서 돌아와 이벽과 정약용을 만났습니다. 정약용은 이승훈이 북경에서 어떻게 보냈는지 궁금했습니다.

"북경은 어땠나요?"

"좋았네. 이참에 북경에 가서 천주교 세례도 받고 왔지."

"세례요?"

정약용은 천주교에 대한 지식이 없었던 터라 무슨 말인지 이해하지 못했습니다. 그러자 옆에 있던 이벽이 정약용에게 천주교에 대해 설명하며, 천주교를 이해하려면 《천주실의》라는 책을 읽어 보라고 추천했습니다.

"조선이 지금보다 좀 더 발전하려면 서양의 과학 기술을 받아

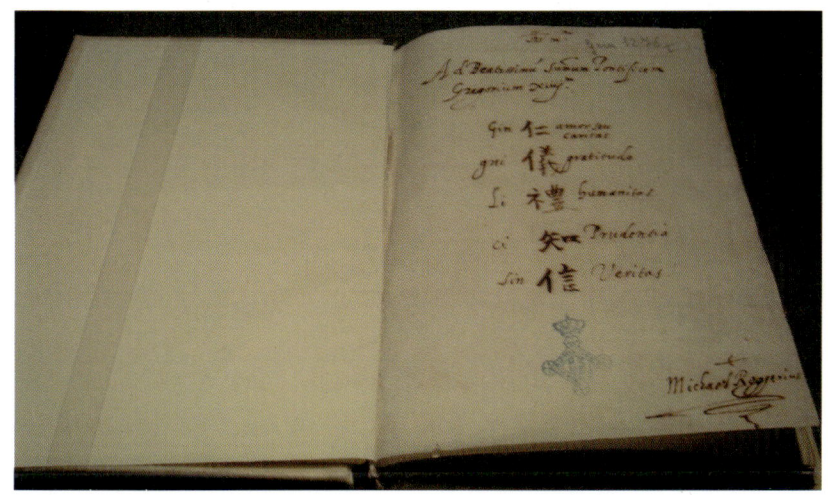

로마의 국립중앙도서관에 보관 중인 〈천주실의〉

들여야 해. 천주교 사상은 서양 문화의 근간이니 알아 두면 큰 도움이 될 걸세."

새로운 학문에 관심이 많았던 정약용은 이벽의 추천으로《천주실의》를 통해 처음 서학을 접했습니다.《천주실의》는 명나라에서 선교 활동을 하던 예수회 이탈리아 신부 마테오 리치가 한문으로 쓴 천주교 교리서입니다.

정약용은《천주실의》를 펼친 지 얼마 지나지 않아 감탄을 터트렸습니다.

"이 책은 그동안 읽었던 책들과 내용이 달라. 충격적일 정도야."

정약용은 《천주실의》를 읽으면서 신선한 충격을 받았습니다. 인간은 창조주가 만들었고, 귀한 사람이 따로 없이 모두 평등하다는 천주교의 교리는 조선의 신분제도에 반대되는 사상이었습니다. 하지만 정약용은 이 생각이 합리적이라고 생각했습니다. 정약용은 천주교에서 주장하는 평등 사상과 서양의 발전된 과학 기술에 관심이 생겼습니다. 서학을 좀 더 공부하면 세상을 이해하는 폭이 넓어질 거라는 확신이 들었습니다.

"앞으로 서학에 관해 더 공부하고 싶어지는군요."

"종종 얼굴을 보면서 서학에 관해 이야기하도록 하지."

정약용과 그의 형제들은 곧 가까이 지내는 이벽의 권유로 천주교 모임에 초대받았습니다. 형제들은 새로운 책을 보며 서양 학문을 연구하기도 한다는 말에 천주교 모임에 참가했습니다. 그리고 이승훈에게 세례를 받기도 했지요.

* * *

이처럼 몇 번 천주교 모임에 나간 것을 두고 정약용이 천주교를 믿는다는 소문이 퍼졌습니다. 노론의 대신들은 정약용이 서학에 물들었다며 비난했습니다. 하지만 이때만 해도 정약용이 서학을 공부한 일이 그렇게나 큰일로 번질 줄은 아무도 몰랐습니다.

이런 와중에 1785년 '을사 추조 적발 사건'이 일어났습니다. 포졸들이 순찰을 돌다가 선비와 백성이 한자리에 모여 있는 것을 수상하게 여겨 그 자리에 있던 사람들을 잡아다가 조사했습니다. 끌려온 사람들은 천주교도였습니다. 이 사건으로 천주교에 대한 비판의 목소리가 커지기 시작했습니다.

특히, 노론을 비롯한 정통적인 유학을 공부하는 선비들은 천주교의 평등 사상이 신분제도를 부정하는 것이며, 천주교도는 나라의 법을 어기는 사람들이라고 주장했습니다. 조선 시대에는 성별이 다른 남녀나, 신분이 다른 사람들끼리 한곳에 같이 있으면 안 된다는 규범이 있었습니다. 하지만 천주교인은 좁은 장소에 남자와 여자, 선비와 평민이 같은 위치에 붙어 앉아 모임을 갖곤 했습니다.

을사 추조 적발 사건을 통해 이러한 사실이 세상에 드러난 것입니다. 그러자 나라의 제도와 전통을 무시하는 천주교를 몰아내고 천주교인에게 벌을 주어야 한다고 주장하는 사람들이 나타났습니다. 그들은 천주교인이 나라의 질서를 어지럽히고 머지않아 반란을 일으킬지도 모른다고 몰아붙였습니다.

결국 천주교도라는 이유로 정약용 형제와 이승훈, 이벽도 같이 형조로 끌려갔습니다. 하지만 큰 문제가 발견되지 않아 금방 풀려났습니다.

* * *

"천주교는 조선의 신분 체계를 흔들어 결국 나라를 망하게 할 겁니다."

"맞소. 근데 전하께서 정약용을 아끼시니 이러다가는 남인이 세력을 키워 우리가 쫓겨날 수도 있소."

노론 세력은 정약용과 남인 세력을 공격하기 위해 천주교 문제를 붕당 싸움에 끌어들이기로 했습니다. 천주교가 서학과 함께 실학을 연구하는 남인에 의해서 퍼졌기 때문에 노론이 남인을 공격하는 무기가 된 것입니다. 노론은 천주교 사상의 위험성을 내세워 정약용을 끌어내리려고 했습니다.

"전하, 요즘 들어 서양에서 들어온 천주교가 아무것도 모르는 백성을 현혹한다고 합니다."

"모셔야 할 신은 천주 하나뿐이며 임금을 섬기는 일은 있을 수 없는 일이라고 퍼뜨리고 있습니다."

"그뿐만이 아닙니다. 그들은 양민과 상민의 구별을 없애야 한다고 주장하고 있습니다. 그냥 뒀다가는 나라를 큰 혼란으로 이끌 것입니다."

조선 시대 학자들은 고려 시대 때 불교의 폐단을 겪었기 때문에 종교에 대한 신뢰가 낮았습니다. 그래서인지 천주교는 신분제도로 고통받는 평민에게 더욱 환영받았습니다. 천주교를 믿는 사람들이 늘어나자 이를 걱정하던 유학을 배운 선비들은 천주교에 대한 부정적인 의견에 목소리를 높이기 시작했습니다.

정조는 아무 말 없이 그저 듣기만 했습니다. 천주교와 관련된 인물들은 자신의 아버지 사도세자가 뒤주에 갇혔을 때 살려야 한다고 주장한 남인이었습니다. 그래서 정조는 그들에게 벌을 내리고 싶지 않았습니다.

하지만 정조도 감싸주기만 할 수 없는 일이 일어났습니다. 1791년에 벌어진 진산 사건입니다. 전라도 진산에 살던 선비 윤지충은 천주교인이자 정약용의 외가 친척이었습니다. 그는 어머니가 돌아가자 천주교 장례에 따라 어머니의 신주를 땅에 묻었습니다. 또한 죽은 사람에게 음식을 차리고 제사를 지내는 것은 헛된 일이라며 따로 음식을 마련하지 않고 촛대만 세워 두고 기도를 올렸습니다. 집안 어른들은 그의 행동에 분노하며 효도 모르는 패륜아라고 소문을 냈습니다.

결국 이 사건은 정조의 귀에까지 들어갔습니다. 정조는 진산 사건과 관련된 인물인 윤지충과 권상연에게 사형을 선고했습니다. 게다가 앞으로는 누구든지 서양 책을 가지고 있으면 벌을 내리겠다고 선포했습니다. 진산 사건을 보고 천주교를 믿고 있던 신자들은 충격에 휩싸였습니다. 조선 사람들에게 중요한 전통 의식이었던 제사를 천주교에서 금지한다는 것을 깨달았기 때문입니다.

친척이라는 이유로 정약용까지 천주교와 관련되어 여러 사람의 입방아에 올랐습니다. 이 사건은 정약용이 천주교에서 멀어지는 계기가 되기도 했습니다. 하지만 정약용의 셋째 형 약종은 벼슬에 오르는 것을 포기하고 천주교 신앙을 지키기로 결심했습니다.

* * *

여러 사건이 있었음에도 정약용이 여전히 승승장구하는 모습을 보고, 노론 세력은 다시 그를 모함하는 사건을 벌였습니다. 정약용이 예문관검열에 단일 후보로 뽑히는 과정이 공정하지 않았다는 상소를 올린 것입니다. 정조는 정약용을 귀양 보낼 수밖에 없었습니다.

스물아홉 살에 정약용은 처음으로 충청도 서산 해미로 귀양을 갔습니다. 하지만 정약용이 부정을 저지르지 않았다는 것이 밝혀지자 10일 만에 귀양에서 풀려나 돌아왔습니다.

정약용은 귀양의 원인이 되었던 예문관검열 자리를 계속 거부했으나 결국 정구품 예문관검열에 올랐고, 곧 종육품인 용양위 부사과로 승직했습니다. 며칠 만에 품계˙가 무려 5단계나 오른 것입니다. 또 관리들이 보는 시험에서 우수한 성적을 내어 여러 번 상을 받기도 했습니다.

하루는 정조가 조용히 정약용을 불렀습니다. 답답한 표정으로 정약용을 보며 말했습니다.

"요즘 당파는 더 이상 좋은 뜻이 없고 서로 자리다툼만 하기 바쁘오. 머리가 아프군."

정조는 학문을 갖춘 자라면 출신이 어떻든지 간에 재주를 펼칠 수 있도록 지원해 주었습니다. 높은 관직에 오를 수 없었던 서얼을 뽑아 규장각에서 일하도록 하기도 했습니다. 자신의 뜻에 따

품계 벼슬자리에 매기던 등급이다. 품계는 총 18단계이며, 숫자가 낮을수록, '정'이 '종'보다 등급이 높다. 그래서 제일 높은 벼슬은 정일품이고, 제일 낮은 벼슬은 종구품이다.

르는 인재들을 키워 노론 세력의 힘과 균형을 맞추기 위해서였습니다. 하지만 관직을 차지하고 있는 관료의 반대가 심해 그들을 높은 자리에 앉히는 데 한계에 부딪혔습니다.

"전하께서 여러 당파의 사람들을 고루 쓰는 탕평책을 실시하신 덕분에 당파 간에 서로 죽고 죽이는 일은 사라졌지만, 나라가 더욱 발전하기 위해서는 백성들 중에서도 능력이 뛰어난 사람이라면 등용해야 한다고 생각합니다."

정약용은 이어 자신의 생각을 말했습니다. 정약용은 온 나라의 백성이 다 같은데 양반이 아닌 사람에게는 글조차 가르치지 않아 인재를 고루 양성할 수 없다는 점이 가장 큰 문제라고 생각했습니다. 게다가 지역 차별이 심해 황해도나 전라도 사람은 벼슬하기가 어려웠고, 어머니가 정부인이 아닌 서얼도 관직에 오를 때 차별을 받는 계층 중 하나였습니다. 태어난 지방이나 출신에 따라 기회조차 주지 않는 것은 인재를 버리는 것과 같다는 입장이었습니다.

정약용은 정조의 옆에서 어떻게 하면 백성이 더 나은 삶을 살 수 있을까, 고민하며 하루하루를 보냈습니다. 이후, 1793년 정약용은 정조에게 28명의 관리를 추천하기도 했습니다.

*　*　*

1792년 정약용이 31세가 되던 해에는 기쁜 일과 슬픈 일이 동시에 일어났습니다.

그중 기쁜 일은 남인 세력에 속해 있어 아버지 정재원도 오르지 못했던 홍문관에 정약용이 들어간 것입니다. 사실 정약용의 집안은 대대로 옥당에 이름을 올리던 명문가였습니다.

옥당은 홍문관의 다른 이름으로, 학문을 연구하고 왕이 정치를 하는 데 도움이 되는 의견을 내는 일을 하는 기관을 말합니다. 홍문관은 여러 가지 까다로운 심사를 받고 합격한 관리만 들어갈 수 있는 곳이었습니다. 심사 조건에는 인정받는 가문인가, 학문과 인격은 뛰어난가 등이 포함되어 있었습니다.

정약용의 집안은 누구나 인정하는 명문가였으나 세력이 약한 남인이었기에 정재원은 홍문관에 들어갈 수 없었던 것이지요. 아버지가 이루지 못한 꿈을 어린 나이에 정약용이 이뤄낸 것입니다.

하지만 기쁨도 잠시, 정약용에게 아버지가 위독하다는 전갈이 왔습니다. 급한 소식을 들은 정약전과 정약현, 정약종 그리고 정약용은 아버지가 목사로 근무하고 있던 경상도 진주로 달려갔습니다.

　진주에 도착했을 때는 이미 아버지가 돌아가신 후였고 형제는 임종을 지키지 못했습니다. 형제는 슬픔에 가득 차 아버지의 시신을 충청도 충주의 하담에 모셨습니다. 하담에서 장례를 마친 후 고향 마재로 가 여막*을 짓고 아침저녁으로 제사를 올리며 곡을 했습니다.

　조선 시대 양반은 부모가 상을 당하면 벼슬을 그만두고 삼년상을 마칠 때까지 부모의 묘 옆에 움막을 짓고 살면서 아침저녁으로 제사상을 올리고 곡을 하며 지내는 시묘살이를 했습니다.

* * *

　정약용이 잠시 벼슬에서 물러나 있는 동안, 노론 세력은 조정에서 자신의 세력이 약해질까 봐 정조의 개혁 정책에 툭하면 토를 달았습니다. 정조는 노론의 영향이 미치지 않는 곳에서 나라를 새롭게 정비하고 싶었습니다.

여막 무덤 근처에 지은 초가로 상이 끝날 때까지 있는 곳.

그래서 정조는 아버지 사도세자의 능원*이 있는 수원에 새로 성을 짓고 그곳에서 나랏일을 보려고 했습니다. 그리고 수원성을 짓는 일을 맡길 관리를 찾았습니다.

정조는 영의정 채제공을 불러 물었습니다.

"수원에 지을 성을 누구에게 맡기면 좋겠소?"

"실학을 공부한 정약용이 적임자라고 생각합니다. 정약용이 저번에 배다리(주교)를 튼튼하게 만들었으니 수원성도 잘 지을 거라고 생각합니다."

"같은 생각이오. 그런데 지금 부친상을 당해 고향에 있다는 소식을 들었소."

"그곳에서 수원성에 관한 계획서를 만들어 준비하라고 명하면 어떨지요."

"좋은 생각이오. 그렇게 진행하시오."

정약용은 정조의 뜻을 알고 있었기에 상중이었지만 하루라도 빨리 새 성이 완성될 수 있도록 설계도를 그리기 시작했습니다. 수원성을 지을 계획서를 만들기 위해 수많은 책을 읽고 연구했습

능원 왕과 왕비의 무덤인 능과 왕세자와 왕세자비의 무덤인 원을 함께 부르는 말.

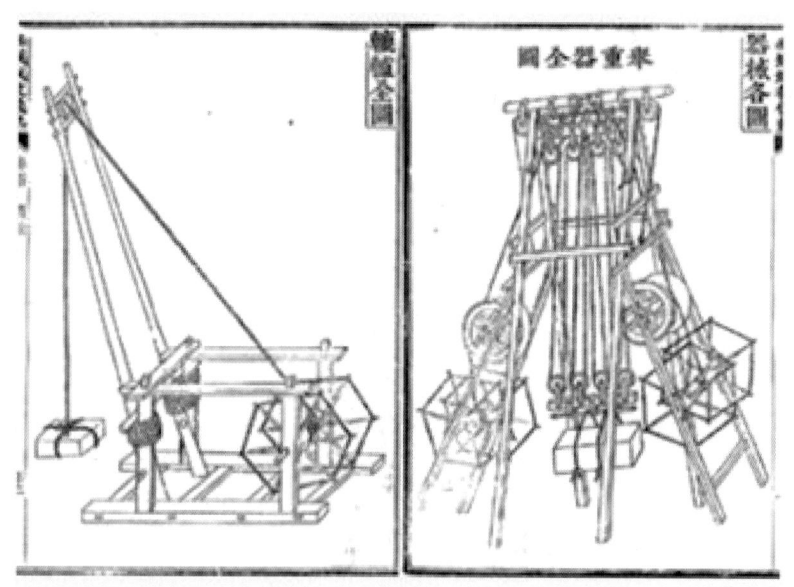

도르래의 원리를 이용해 무거운 물건도 쉽게 들 수 있도록 정약용이 발명한 거중기(오른쪽)와 녹로(왼쪽).

니다. 또한 수원성의 설계뿐 아니라 성을 쌓는 기계도 설계했습니다.

얼마 후 정약용은 성을 짓는다는 뜻의 《성설》이라는 계획서를 정조에게 바쳤습니다.

"전하, 마재에 있는 동안 계획서를 준비해 보았습니다. 이 계획서에는 사람을 쓰는 방법과 비용을 아낄 수 있는 방법도 들어 있습니다. 또한 거중기라는 기계를 생각해 보았습니다. 도르래의 원리를 이용해 작은 힘으로도 무거운 물건을 들어올릴 수 있게 만든 장치입니다. 자세히 읽어보시고 명을 내려 주시옵소서."

"음, 알겠소."

계획서를 찬찬히 읽어 본 정조는 웃으며 정약용에게 말했습니다.

"계획서가 아주 탄탄하니 이대로 성을 쌓아도 충분할 거 같소."

정조의 명령에 따라 수원성을 쌓기 위한 준비가 진행되었습니다. 이때 정약용이 다시 한 번 정조를 찾았습니다. 수원성에 참여하는 일꾼에게 일한 값을 주자는 의견을 내기 위해서였습니다.

당시에는 백성이 나라의 큰 공사를 위해 일을 하는 것은 의무 중 하나였습니다. 하지만 농사도 짓지 못하고 돈 한 푼 받지 못한 백성은 겨울을 지낼 식량을 마련하기 힘들 정도로 가난해질 수밖에 없었습니다. 정조는 정약용의 의견을 받아들여 일꾼들에게 돈을 지급했습니다.

수원성을 짓는 일은 워낙 큰 공사라 준비하는 시간도 오래 걸렸습니다. 정약용이 계획서를 올리고도 한참 후에야 수원성의 기공식*이 열렸지요. 그에 비해 수원성은 기공식을 치르고 2년 반

기공식 건물의 건축을 시작하는 것을 기념하는 행사.

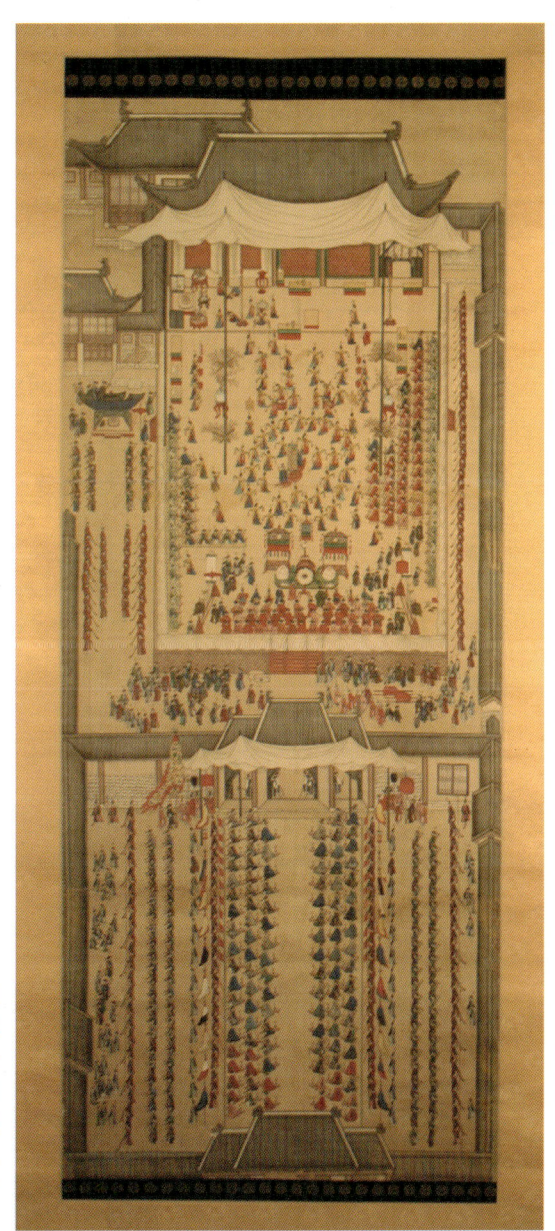

1795년 수원 화성에서 열린 주요 행사를 그린 〈화성능행도〉 8폭 중 한 폭인 〈봉수당진찬도〉이다. 혜경궁 홍씨의 회갑을 기념하여 베풀어진 진찬 장면을 그린 작품이며, 이는 김홍도가 총감독을 맡았다고 전해진다.

만에 완공되었습니다. 원래 수원성의 완공은 10년 정도로 계획되었으나, 정약용의 완벽한 설계도와 기계의 발명으로 훨씬 빠르게 지을 수 있었습니다.

성곽 안에는 궁궐을 비롯해 정자와 연못 등이 만들어졌고 아름다운 건축물도 들어섰습니다. 또한 관청과 백성이 살 집들이 있었으며, 군사 시설도 갖춰져 있어 새로운 도읍지로 손색이 없었지요. 수원성은 매우 웅장하고 아름다워, 화려하다는 뜻을 가진 한자 '화(華)'를 붙여 '화성(華城)'이라고도 불렀습니다.

성이 완공되자 정조는 비참하게 죽은 아버지가 생각났습니다. 정약용 덕분에 정조는 아버지가 생각날 때면 화성에 와서 슬픔을 달랠 수 있게 되었습니다.

> 정약용을 통해 본
> 조선 시대

수원 화성은 어떻게 세계의 유산으로 인정받았을까?

수원 화성은 처음부터 거주지로서의 읍성과 방어용 산성을 더해 만들어진 계획도시였습니다. 또한 붕당 간의 다툼으로 좋지 않았던 정치 상황을 이겨내고 새로운 정치를 하고자 했던 정조의 의지를 엿볼 수 있는 곳이기도 합니다. 수원은 당쟁에 휘말려 왕위에 오르지 못하고 뒤주에 갇혀 생을 마감한 정조의 아버지 사도 세자의 무덤이 있는 곳입니다. 그곳에 새로운 성을 짓는 것은 아버지를 기리는 그의 효심이 드러난 것이라고도 볼 수 있습니다.

정조는 정약용에게 화성 성곽을 지은 과정을 기록한 보고서를 만들라고 지시를 내렸습니다. 이후 정약용은 《화성성역의궤》라는 책을 지어 정조에게 올렸습니다. 여기에는 화성을 쌓을 때 참여한 일꾼의 수와 날짜, 성을 짓는 데 사용한 여러 재료들이 자세히 적혀 있습니다.

《화성성역의궤》는 당시의 경제나 시대 상황, 건축 기술뿐만 아니라, 책을 만드는 데 사용된 기술까지 알 수 있어 가치가 큰 유물입니다. 또한 한국전쟁으로 성곽이 손상되었을 때 보수하는 데 중요한 자료가 되기도 했습니다.

오른쪽은 화서문으로 화성의 4대문 중에 서쪽에 난 대문이다. 원래의 모습을 그대로 간직하고 있어 보물 제403호로 지정되어 있다. 왼쪽은 서북공심돈으로 주위를 살피기 위해 높이 쌓아올린 망루와 같은 곳이다.

수원 화성은 1794년 1월부터 짓기 시작했으며 1796년 9월에 완공했습니다. 당시로서는 획기적으로 빠른 시간 안에 지어진 것이었지요. 화성의 성벽은 바깥으로 벽돌을 쌓고, 안은 흙으로 메웠습니다. 실학을 공부한 정약용은 화강석과 벽돌을 적절하게 섞어 축성의 재료로 사용했습니다. 성곽에 벽돌을 사용한 것은 수원 화성이 처음이었습니다. 설계도가 완벽했기에 성을 완성하고 나서 버린 재료가 거의 없을 정도였습니다. 당대의 학자들, 특히 정약용이 충분한 연구와 치밀한 계획으로 만들었기 때문입니다.

또한 정약용은 일상생활에 도움이 되는 실용적인 학문인 실학의 영향으로 새로운 건축 기구를 발명하기도 했습니다. 거중기, 녹로 등이 커다란 돌을 옮기고 쌓는 데 이용한 대표적인 발명품이지요. 그 외에 수평을 유지하는 짐수레 유형거, 소 40마리가 끄는 대형 수레 대거, 사람 4명이 끄는 소형 수레 동거, 둥근 나무 막대를 깔고 그 위로 돌을 미끄러뜨리는 구판, 바닥이 활처럼 굽어 있는 수레 설마 등 여러 가지 발명품을 만들었습니다.

화성은 넓은 평지의 도시를 감싸고 있는 산을 따라 성곽을 둘러, 적에게서 방어하기 쉽도록 되어 있습니다. 또한 화성의 모습은 자연과 조화를 이루도록 설계되어 있어 기능성은 물론 예술적인 아름다움까지 더불어 갖추고 있습니다.

수원 화성은 1997년 유네스코 세계문화유산에 등재되었습니다. 화성이 뛰어난 과학성과 아름다움을 보여주므로 세계인이 보호해야 할 문화재로 인정받은 것입니다.

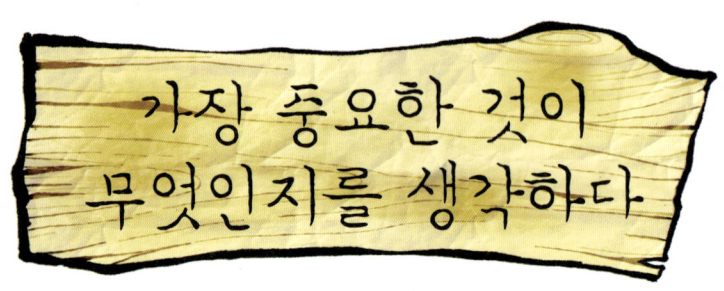

　1794년 정약용은 아버지의 삼년상을 마치고 조정으로 돌아왔습니다. 하루는 정조가 정약용을 불렀습니다. 정약용은 정조의 부름에 어리둥절했습니다.
　"부르셨습니까?"
　"자네에게 특별히 부탁하고 싶은 게 있는데 꼭 들어 주었으면 좋겠소."
　"명을 받들겠습니다. 하명하십시오."
　"내용은 이 서신에 적혀 있소."
　정조는 봉투를 주면서 나가서 뜯어보라고 했습니다. 봉투 안에는 정약용이 경기도 암행어사로 임명되었다는 임명장과 마패가 들어 있었습니다. 암행어사는 임금에게 비밀리에 명령을 받아, 지방 관리가 벌이는 부정과 비리를 파헤치고 그 자리에서 판결할 수 있는 권한을 가진 특별한 직책입니다. 암행어사는 아무도 모르게 왕명을 수행해야 하므로 왕이 특별히 믿는 사람에게만 맡기는 임무였습니다.

정약용은 임금이 내린 마패를 들고 한양을 나섰습니다. 허름한 옷차림으로 정약용이 도착한 곳은 경기도 연천이었습니다. 연천에 도착한 정약용은 일단 사람이 많은 주막으로 갔습니다. 사람이 많이 모이는 곳인 만큼 정약용이 원하는 이야기를 들을 수 있을 거라고 생각했기 때문입니다.

마침 정약용이 듣고 싶었던 이야기를 하는 무리가 있었습니다.

"우리 고을 현감은 정말 고약해."

"자네도 그렇게 생각하나? 나도 현감이라면 이가 갈리네."

"왜 내야 하는지도 모르는 세금을 만들어서 마을 사람들의 돈과 곡식을 빼앗아 가니 일할 맛도 안 나."

"요새는 차라리 농사를 짓지 말까, 하는 생각까지 들더군."

"그럼 대체 뭘로 먹고살려고?"

"나도 그냥 답답해서 해 본 말이네, 에휴······."

정약용은 연천 현감에 대한 백성들의 불만을 듣고는 그가 어떤 잘못을 저질렀는지 조사하기 시작했습니다. 정약용은 이곳저곳에서 현감에 관해 묻고 다녔습니다.

* * *

알고 보니 연천 현감은 과거에 급제해 정식으로 관리가 된 것이 아니었습니다. 정조가 수원 화성을 지을 때 풍수*로 성터를 지을 장소를 알려 준 일이 계기가 되어 현감으로 임명된 것이었습니다. 현감이 저지른 부정과 비리는 생각보다 많았습니다. 정약용은 이 사실을 알고 무척 화가 났습니다.

"임금님께 잘 보여 현감이 되었으면 그 은혜에 보답해 좋은 일을 했어야지. 백성의 곡식과 재산을 빼앗고 자신의 잇속*을 채우는 데만 골몰했다니."

연천 현감은 모든 법을 자신의 배를 불리는 데 이용했습니다.

풍수 집이나 건물 등을 지을 때 방향과 지형의 좋고 나쁨에 따라 그곳에 사는 사람도 재앙이나 복을 받는다는 이론.
잇속 겉으로 드러나지 않는 이익을 챙김.

마음대로 세금을 걷었고 백성에게 모래 섞은 곡식을 빌려주며 돌려받을 때는 법에서 정한 것보다 훨씬 많은 이자를 요구했습니다. 먹고사는 일이 힘들어지자 백성은 도둑질을 하거나 산적이 되어서 서로의 것을 빼앗기에 이르렀습니다.

정약용은 현감에게 고통받고 삶이 망가진 백성을 여럿 보았습니다. 관리가 된 뒤 처음 마주친 그들의 처지가 안타까웠습니다. 정약용은 이런 마음을 〈적성촌에서〉라는 시에 담았습니다. 적성촌은 연천에 있는 작은 마을입니다.

시냇가 헌 집 한 채 뚝배기 같고
북풍에 이엉이 날아가 서까래만 앙상하네
묵은 재에 눈이 덮여 부엌에는 온기가 없고
소쿠리처럼 구멍 난 벽에는 별빛이 비쳐 드네
집 안에 있는 물건은 초라하기 짝이 없다
모두 팔아도 칠팔 푼이 안 되겠구나
개 꼬랑지 같은 조 이삭 세 줄기와
닭 창자같이 말라비틀어진 고추 한 꾸러미
깨진 항아리는 헝겊으로 때우고
무너져 내린 선반은 새끼줄로 엮었구나

구리 수저는 관리에게 빼앗긴 지 오래인데
엊그제는 옆집 부자에게 무쇠솥을 빼앗겼네
닳아빠진 무명 이불 한 채뿐이라
부부유별은 가당치도 않네

정약용은 시를 통해 부정한 관리가 판치는 적성촌 백성의 가난한 살림살이를 보여주고 있습니다. 이어서 낡은 옷을 입고 먹을 것이 없어 배를 굶주리는 백성의 삶이 얼마나 비참한지, 적성촌의 관리들이 어떻게 백성의 재산을 빼앗는지를 낱낱이 밝히고 있습니다.

어린것들 해진 옷은 어깨 팔뚝이 드러나고
나서부터 바지, 버선은 걸쳐 보지도 못 했네
큰아이는 다섯 살에 기병으로 등록되고
작은아인 세 살인데 군관이 되었다네
두 아이 일 년 세금이 오백 전이라
빨리 죽기 바라는데 옷은 뭐하러 입히랴
새끼 셋 낳은 개와 아이들이 함께 자고
호랑이들은 밤마다 담 밖에서 울어 대네

남편은 나무하러 산에 가고 아내는 방아품 팔러 가
대낮에도 닫힌 사립문 사는 꼴 비참하구나
점심밥은 거르고 밤늦어야 저녁 짓고
여름에는 갖옷 한 벌 겨울에는 삼베옷이라
냉이나마 먹으려면 땅 녹기만 기다리고
마을 술 익어야 술지게미라도 얻어먹지
지난 봄 꾸어 온 환곡이 다섯 말인데
올해도 이 모양이니 어찌 살까
나졸 놈들 오는 것만 겁이 날 뿐
이제 관가 곤장은 무섭지도 않네
오호라 이런 집이 천지에 가득한데
깊고 먼 구중궁궐에서 어찌 다 살펴보랴
한나라 때 벼슬인 직지사자는
이천 석 관리도 마음대로 처분했건만
폐단과 어지러움으로 근원이 혼란하니

환곡 나라에서 가난한 백성에게 봄에 곡식을 꿔주고 가을에 이자를 붙여 거두던 일.
직지사자 조선 시대의 암행어사와 비슷한 일을 하는 관리.

공수와 황패*가 다시 와도 바로잡기 어려우리라
먼 옛날 정협의 〈유민도〉를 본받아
시 한 편 지어 임금님께 바치리라.

시에서 나온 정협은 중국 송나라 때 관리입니다. 그는 나라 형편이 어려워지자 배고픔에 굶주리던 백성이 거리로 나와 먹을거리를 찾는 모습을 그린 〈유민도〉라는 그림을 임금에게 바쳤습니다. 임금은 정협의 그림을 보고 큰 충격에 빠졌습니다. 이후 임금은 자신의 잘못된 정치를 반성하고 백성을 위하는 법과 제도를 만들었습니다.

정약용은 시를 통해 정협처럼 임금에게 백성의 모습을 제대로 알려야겠다는 생각을 한 것입니다.

* * *

정약용은 어사출두를 해 연천 현감을 체포했습니다. 형벌을 내

공수와 황패 한나라 때 유명했던 어진 관리들의 이름.

리기 전에 현감에게 직접 죄를 물었습니다.

"너의 죄가 무엇인지 아느냐?"

"저는 죄가 없습니다."

"전하의 은혜를 갚을 생각은 하지 않고 백성의 고혈*을 쥐어짜 자신의 배만 불린 자가 죄가 없다는 것이냐!"

"자, 잘못했습니다."

"저 죄인을 당장 옥에 가두어라!"

정약용은 현감을 옥에 가두고 모든 장부를 샅샅이 살폈습니다. 장부에는 부정으로 거둔 백성의 세금이 빼곡히 적혀 있었습니다.

"여봐라, 여기에 적힌 백성에게 잘못 걷은 세금을 한 사람도 빠짐없이 모두 돌려주도록 하라."

세금을 돌려받은 백성은 정약용에게 몇 번이고 감사 인사를 했습니다. 백성이 기뻐하는 모습을 보니 정약용도 덩달아 흐뭇했습니다.

정약용은 더 많은 백성에게 도움을 주고 싶었습니다. 정약용은 곳곳에서 탐관오리들을 혼내주고 백성을 살폈습니다. 그러면서

고혈 몹시 고생해 얻은 재산을 비유하는 말.

정조에게 백성의 실상을 그대로 알리는 보고서를 올렸습니다. 암행을 마치고 한양으로 돌아가는 정약용의 발걸음은 무겁기만 했습니다.

"백성의 삶을 가까이에서 보살펴야 할 지방 관리가 이 모양이니 법이 있어도 무슨 소용이겠는가. 조정 대신도 왕의 뜻에 따르지 않는 마당에 지방 관리 탓만 할 수도 없지. 휴……."

정약용은 한숨이 절로 나왔습니다. 암행어사 일을 하면서 지방 관리가 바뀌지 않으면 백성도 편안할 수 없다는 사실을 깊이 느꼈습니다.

훗날 정약용은 《목민심서》를 써서 '갈의거사'라는 인물을 통해 지방 관리의 부패를 크게 꾸짖었습니다.

"지금 온갖 도둑이 땅 위에 가득하다. 토지에서는 그 재결(災結)을 도둑질하고, 호구(戶口)에서는 그 부세를 도둑질하고, 기민 구제에서는 그 양곡을 도둑질하고, 환곡에서는 그 이익을 도둑질하고, 송사에서는 그 뇌물을 도둑질하고, 도둑에게서는 그 장물을 도둑질한다. 그런데도 관찰사와 사또들은 도둑질하는 자들과 한패거리가 되어 숨겨 주고 들추어내지 않는다. 지위가 높을수록 도둑의 힘은 더욱 강해지고, 녹봉이 후할수록 도둑질의 욕심은 더욱 커진다. 그러고서도 행차할 적엔 깃발을 세우고 머무를 적에는 장막을 드리우며 푸른 도포에 붉은 띠 장식도 선명하여 종신토록 향락하여도 누가 감히 무어라고 말하지 못한다. 그런데 유독 굶고 또 굶은 끝에 좀도둑질한 사람이 이런 큰 욕을 당하게 되니 또한 슬프지 아니한가."

갈의거사는 장터를 지나다가 군관이 도둑을 잡아 체포하는 것을 보고는 느닷없이 도둑의 팔을 잡고 목 놓아 통곡했습니다. 그러자 군관이 깜짝 놀라 갈의거사도 함께 결박했습니다. 그러자 갈의거사가 자신의 이야기를 들어보고 나서 결박하든지 놓아주든지 하라며 거침없이 지금 벌어진 상황에 대해 이야기를 합니다. 갈의거사는 관찰사와 사또들은 지위가 높아 백성의 재산을 도둑질하는 자들과 한패가 되어 숨겨 주면서, 굶어 죽을 지경 끝에 좀도둑질한 사람은 큰 욕을 당하는 현실을 비판하며 슬퍼한 것입니다. 정약용은 '갈의거사'라는 주인공을 통해 조선 시대의 잘못된 현실을 꼬집은 것이었지요.

***

　암행어사 임무를 끝내고 돌아온 정약용은 정조의 총애를 받으며 승승장구했습니다. 정조는 사슴 가죽 등 귀한 물건을 내려 주면서 정약용을 칭찬했습니다. 정약용은 1795년 동부승지를 거쳐 군사와 우편을 관리하는 병조에 속한 정삼품 병조참의에 올랐습니다.

　수원성에 있는 사도세자의 묘인 현륭원을 만든 지 6년이나 지났지만, 정조는 그곳을 꾸미는 데 소홀하지 않았습니다. 수원과 광주, 용인 등 가까운 읍의 도움을 받아 현륭원에 많은 나무를 심기도 했지요. 하지만 나무가 몇 그루인지 누가 얼마나 심었는지는 알 수 없었습니다. 제대로 관리가 되지 않고 있었던 것이지요.

　정조는 정약용에게 이 일을 부탁했습니다. 정약용은 도저히 알아 볼 수 없이 뒤죽박죽으로 쓰여 있는 엄청난 양의 장부를 확인하고는 자신이 직접 만들기로 했습니다. 가로에는 년도를 적고 세로에는 나무를 심은 마을의 이름을 썼습니다. 그리고 각 고을이 한 해에 심은 나무를 기록했지요. 꼼꼼하게 정리한 장부를 보고 정조는 또 한 번 정약용을 칭찬했습니다.

　정약용이 자신의 일을 척척 해 내며 시간 가는 줄 모르던 어느 날, 나라에 떠들썩한 일이 생겼습니다. 중국인 신부 주문모가 1795년에 몰래 조선에 들어와 천주교를 전파하고 있던 것이 들통 난 것입니다.

처음 우리나라의 천주교도는 먼저 신자가 된 사람이 새로운 천주교 신자에게 세례를 주면 된다고 생각했습니다. 나중에야 공인된 신부가 세례를 주어야 한다는 사실을 알게 되었지요. 그래서 우리나라의 천주교도는 중국에서 신부를 데리고 와야겠다고 생각했습니다. 여러 논의 끝에 북경신학교 1회 졸업생인 중국인 신부 주준모를 데려왔습니다. 덕분에 우리나라에는 천주교도가 많이 늘어나기도 했습니다.

영의정 채제공은 이 사실이 노론의 귀에 들어가면 난리가 날 것을 짐작해 정조에게 몰래 보고했습니다. 정조는 비밀스럽게 주문모 신부를 잡으라고 명령을 내렸지만 잡지 못했습니다.

결국 이 사건에 관해 소문이 퍼지면서 노론이 들고 일어나기 시작했습니다. 노론에서는 이가환, 이승훈, 정약용이 천주교의 우두머리이며 주준모를 데리고 오는 데 중요한 역할을 했다는 상소를 올렸습니다.

이로 인해 형조판서인 이가환은 충주 목사로 좌천되었고 이승훈은 귀양에 보내졌습니다. 정약용은 금정 찰방으로 쫓겨났습니다. 찰방은 먼 곳으로 가는 관리나 소식을 전하는 관리를 위해, 말을 준비해 두고 우편을 담당하는 역을 관리하는 직책이지요. 정약용은 하루아침에 낮은 직책으로 강등되어 한양에서 쫓겨나 금정으로 가게 되었습니다.

정약용은 천주교 문제로 정조에게 짐이 되어 죄스러운 마음이 컸습니다. 정조는 정약용의 마음을 헤아려 금정으로 떠나기 전에 그를 불렀습니다. 그러고는 금정에는 천주교도가 많으니 그들을 잘 설득해 바른 길로 이끌어 달라고 부탁했습니다.

정약용은 금정으로 내려가 천주교도들을 만났습니다. 정약용은 그들에게 나라에서는 천주교를 금하고 있으며 그 이유를 설명했습니다. 조상을 섬기며 제사를 지내야 한다고 설득했습니다. 금정에서 천주교를 버린 천주교도가 많아지자, 남아 있던 천주교도들이 정약용을 욕하기 시작했습니다. 정약용도 이 사실을 알고 있었지만 자신의 일을 묵묵히 수행했습니다.

금정에서는 예전처럼 일이 많지 않아 자연스레 학문에 몰두하는 시간이 많아졌습니다. 정약용은 종종 자신의 마음을 시로 나타내기도 했습니다.

* * *

　정약용이 여유로운 시간을 보내고 있을 즈음, 정조는 정약용이 하루 빨리 조정으로 돌아올 수 있는 방법을 고민하고 있었습니다. 정약용의 재능을 아까워하는 사람들도 그를 도우려고 노력했지요.

　이들의 노력으로 정약용은 한양으로 다시 올라왔습니다. 정조는 한양으로 돌아온 정약용에게 높은 관직을 주고 싶었습니다. 때마침 충청도 관찰사 유강이 유명한 천주교도 이존창을 체포했습니다. 유강의 후임인 이정운은 유강이 정약용의 도움으로 이존창을 잡을 수 있었다는 상소를 올렸습니다.

　사실 이정운은 정조의 지시로 상소를 쓴 것이었습니다. 정조는 정약용이 이존창을 체포했음을 알리고, 이를 치하하며 정약용에게 힘을 실어 주고 싶었습니다. 오래 지나지 않아 정약용이 금정에서 많은 천주교도를 개종시켰다는 것도 알려졌습니다. 거기다 정약용이 찰방 일을 정직하게 수행했다는 보고도 올라왔습니다. 하지만 정약용은 조정에 다시 발을 들일 생각이 없었습니다.

　정약용은 한양에 올라온 지 10개월이 지난 후에야 조정에 돌아와 규장각에서 《사기》를 교정하는 일을 했습니다. 사실 《사기》를 교정하는 일은 나라에 꼭 필요한 일은 아니었습니다. 정조가 반대파로부터 정약용을 보호하기 위해, 그를 위한 관직을 만들고 공부도 할 수 있도록 배려한 것이었지요. 정약용 역시 귀한 책을 보고 맘껏 공부할 수 있는 좋은 기회라고 생각했습니다.

그렇게 조용히 기회를 보다가, 1796년 들어 정약용은 사나흘 사이에 두세 번의 승진을 거듭했습니다. 임금의 총애가 높아질수록 정약용을 시기하는 사람도 많아졌습니다. 정약용은 더 이상 거센 비난을 견디기 힘들었습니다.

1797년 동부승지가 된 정약용은 벼슬을 그만두겠다고 상소를 올렸습니다. 정약용은 상소문에서 자신이 천주교 신자라는 소문은 사실이 아니며, 천주교에 관심이 있었으나 지금은 아무런 관계가 없다고 해명했습니다. 노론이 천주교도라는 이유로 자신뿐만 아니라, 정약용을 아끼는 왕까지 공격하는 상황을 피하기 위해서였습니다.

> "중국의 고염무 같은 학자들은 벌써 천주학이 거짓됨을 환하게 밝혔습니다. 그러나 신은 멍청하게도 미혹되었으니, 이는 젊은 시절에 고루하고 식견이 적어서 그렇게 되었던 것으로, 몸을 어루만지며 부끄러워하고 후회한들 어찌 돌이킬 수 있겠습니까. (…중략…) 위로는

군부(君父)에게 의심을 받고 아래로는 당세(當世)에 나무람을 당하여, 입신한 것이 한 번 무너짐에 모든 일이 기왓장처럼 깨졌으니, 살아서 무엇을 하겠으며 죽어서는 장차 어디로 돌아가겠습니까. 신의 직을 체임(遞任)하시고 이어 내쫓으소서."

정조는 그가 높은 벼슬에 올라 자신의 옆을 지켜주기를 바랐지만 그의 뜻을 받아들였습니다. 그리고 정약용을 황해도 곡산의 부사로 임명했습니다.

조선 시대에는 임금이라고 해도 마음대로 관리를 임명하지 못했습니다. 전관이라는 벼슬아치의 추천을 받아 그중에서 골라 임명할 수 있었습니다. 그런데 정약용이 곡산 부사가 될 때는 전관이 몇 번이나 다른 사람을 곡산 부사로 추천했지만 정조가 그들을 거부하고 직접 정약용의 이름을 써 곡산 부사로 임명했습니다. 정약용은 이런 정조의 마음에 감사하며, 곡산을 잘 다스려 은혜를 갚아야겠다고 생각했습니다.

***

정약용은 정조의 명령에 따라 한양에서 황해도 내륙에 위치한 곡산까지 말을 타고 가면서 많은 생각을 했습니다.

'이곳에서는 부정과 부패가 없어 백성이 피해를 받지 않고 편히 살았으면 좋겠는데.'

정약용이 백성을 위해 무엇을 할 수 있을까 고민에 빠져 있던 그때, 갑자기 한 사내가 정약용의 앞을 막고 무릎을 꿇었습니다.

"웬 놈이냐!"

정약용을 따르던 포졸들이 놀라서 외쳤지만, 사내는 오직 정약용만을 바라보며 입을 열었습니다.

"사또가 이 길을 지나실 거라는 소문을 듣고 이렇게 찾아왔습니다. 제발 제 말 좀 들어 주십시오. 간절히 부탁드립니다."

"이게 무슨 무례냐? 어서 썩 물러가거라!"

포졸은 어떻게든 그를 끌어내려고 했지만 사내는 꼼짝도 하지 않고 정약용의 말을 기다렸습니다. 행색은 남루하지만 절절한 그의 눈빛을 보고 정약용은 말에서 내려 사내에게 다가갔습니다.

"너는 누구냐?"

"저는 이계심이라고 합니다. 사또께 전해 드릴 게 있어 무례함을 알면서도 앞에 나섰습니다."

이계심은 가슴에 품고 있던 종이 한 장을 꺼내 정약용에게 건

넸습니다.

"이것은 그동안 저희가 겪은 억울함을 적은 글입니다. 부디 이 글을 읽고 저희의 한을 풀어 주십시오."

이계심은 감정이 벅차올라 부르르 떨며 말했습니다. 정약용은 이계심의 얼굴을 찬찬히 살펴보았습니다. 그는 햇볕에 타 검게 그을린 얼굴과 깊이 팬 주름, 이글이글 타는 눈빛을 가지고

있었습니다.

"사또, 저자는 예전에도 이렇게 난리를 치고 달아난 적이 있습니다. 또다시 사또께 무도한 행동을 할 만한 인물이니 당장 체포하는 게 좋을 듯합니다."

"아니다. 이게 다 지방관이 나랏일을 제대로 못해 생긴 일일 터."

정약용은 이계심이 전해 준 글을 확인했습니다.

"내 관아에 가 어찌 된 일인지 알아 볼 터이니 이자는 돌려보내도록 해라."

정약용은 다음 날 이계심이라는 자에 대해서 알아 오라는 명령을 내렸습니다.

조선 시대에는 군포제도가 있었습니다. 16세에서 60세까지의 남자 백성은 모두 군인으로 등록되어 나라를 지킬 의무가 있었습니다. 하지만 나라에는 군인 말고도 농사를 짓는 농부와 물건을 만들고 파는 상인이 필요했습니다. 이처럼 군인이 되지 않은 사람은 매년 나라에 면포 한 필씩 '군포'라는 세금을 내야 했습니다.

이전의 곡산 부사는 군포로 면포 한 필 대신 돈 900냥을 거두었습니다. 그리고 중간에서 700냥을 가로챘던 것입니다. 이 사실을 알게 된 이계심은 1000여 명의 농민과 함께 관청으로 몰려가 따졌지만 관아에서는 오히려 이계심을 벌하려 했습니다. 그러자 농민들이 이계심을 대신해 벌을 받겠다고 나섰고, 곡산 부사는 이계심을 처벌할 수 없었습니다. 이계심은 이 틈을 타 도망쳤습니다. 그리고 새로운 부사가 온다는 소식을 듣고 정약용을 찾아온 것이었습니다.

정약용은 일의 전후 사정을 모두 듣고 이계심의 군포 문제를 해결하는 동시에 공정하게 세금을 걷도록 조치를 취했습니다. 이후에도 정약용은 백성의 이야기를 듣고 어려운 일이 생기면 공정하게 처리했습니다. 그러자 백성의 불만은 점점 줄어들었고 정약용은 백성의 신뢰를 얻었습니다.

하지만 여전히 관리의 부정부패는 몰래 진행되고 있어서 백성의 어려움이 완전히 해결된 것은 아니었습니다.

* * *

지방 관아에서는 3년에 한 번씩 호구조사를 해서 조정에 보고해야 할 의무가 있었습니다. 호구조사란 마을에 살고 있는 세대 수와 각 세대에 속한 식구 수를 조사하는 일을 뜻합니다. 전국의 고을에서 호구를 조사해 조정에 올리면 조정에서는 그 내용을 보고 각 마을의 관아에서 군포를 얼마나 거둬야 할지를 정했습니다.

정약용은 곡산에 사는 백성의 상황을 정확히 파악하기 위해서라도 호구조사를 해야겠다고 생각했습니다.

그런데 백성들 사이에서는 호구조사를 할 때마다 불만이 컸습니다. 지방 관아에서 마음대로 식구 수를 늘려 내야 할 세금보다 더 많은 돈을 빼앗아 갔기 때문입니다.

"식구 수를 멋대로 늘리는 게 말이 돼?"

"이번에도 군포를 더 물어야 할지도 몰라."

"휴, 벌써부터 걱정일세. 도대체 우리가 얼마나 더 군포를 내야 관리가 만족하려는지."

아전은 호구 수를 마음대로 올려 돈을 더 받아냈고 백성은 이를 어떻게든 바로잡으려고 노력했습니다. 하지만 아전에게 돈을 바치지 않으면 식구의 수를 바로잡아 주지 않았습니다. 아전은 돈이 있는 사람에게는 뇌물을 받아 호구 수를 고쳐주고, 돈이 없는 사람에게는 세금을 더 뜯어내 자신이 챙기곤 했습니다.

정약용은 곡산의 아전에게 호구조사를 시키기 전에 믿을 만한 사람들에게 먼저 호구조사를 맡겼습니다.

"내가 만든 조사표를 줄 테니 나이, 신분, 직업, 재산 등의 항목에 맞추어 정확하게 알아보고 오너라."

며칠 뒤 일을 맡긴 사람들에게 정확한 호구조사표를 받았습니다. 정약용은 그들이 조사한 내용을 잘 살펴본 뒤 서랍에 보관해 두었습니다. 곡산의 아전들도 하나둘씩 호구조사를 한 문서를 정약용에게 가져왔습니다.

정약용은 곡산 아전이 조사한 문서와 미리 준비한 문서를 꼼꼼하게 비교했습니다. 아니나 다를까 아전 한 명이 거짓으로 호구조사를 해 온 것을 발견했습니다. 정약용은 거짓 보고를 올린 아전을 불렀습니다.

"부르셨습니까."

"내 자네가 조사한 호구조사표를 보았네. 근데 문제가 있더군."

"네? 그럴 리가……. 제가 정확하게 조사해 온 것입니다. 다시 한 번 자세히 봐 주십시오."

아전은 당황한 기색이 역력했지만 아무 잘못도 없다는 듯이 시치미를 뗐습니다. 정약용은 자신을 속이려는 아전의 모습에 화가 났습니다.

"감히 거짓으로 보고를 하고도 발뺌을 하려는가! 이것이 내가 조사한 표이고 이건 자네가 가져온 조사표일세. 이 백성은 다른 마을에서 이사를 왔고 혼자 사는 홀아비에 다리가 아픈 사람인데 멀쩡한 자라고 보고하다니. 어찌 이자에게 군포를 물리려 했는가!"

정약용이 아전에게 자신이 가지고 있던 조사표를 들이밀자 아전은 그제야 잘못했다며 머리를 조아렸습니다.

"죄송합니다. 한 번만 용서해 주십시오."

"백성을 살펴야 하는 자가 돈에 눈이 멀어 이런 일을 벌이다니! 여봐라, 이 죄인을 옥에 가두어라!"

그 일이 있은 뒤 정약용은 청렴한 사또라고 소문이 났고, 더 이상 정약용 앞에서는 아무도 거짓말을 하지 않았습니다. 이로 인해 곡산 백성은 예전처럼 억울하게 군포를 더 많이 내거나 하는 일이 없었습니다. 백성은 정약용을 더더욱 칭송했습니다.

* * *

정약용이 곡산 부사가 된 다음 해인 1798년 겨울, 마을에 천연두가 돌기 시작했습니다. 당시에는 의학이 발달하지 않아 천연두 환자가 한 명만 생겨도 걷잡을 수 없이 병이 퍼졌습니다. 이전부터 정약용은 천연두에 관심이 많았습니다. 자신도 어렸을 적 이 병에 걸렸던 경험이 있었기 때문에 천연두에 관한 연구를 틈틈이 하고 있었습니다. 백성들이 천연두로 고통받는 모습을 보고, 천연두 치료법을 널리 알려야겠다고 생각했습니다. 그리하여 일반 백성도 쉽게 읽고 천연두를 고칠 수 있는 방법을 쓴 《마과회통》을 7편 6책으로 편찬했습니다.

정약용은 장례에 관해서도 관심을 가졌습니다. 전염병이 한 번 돌고 나면 시체가 거리에 버려지곤 했습니다. 한 가족이 모두 죽어 장례를 치러줄 사람이 없거나 장례를 치를 여유가 없는 집이 많았기 때문이지요. 문제는 방치된 시신 때문에 전염병이 더 심하게 퍼질 위험이 크다는 것이었습니다. 그래서 정약용은 거리의 시신을 관청에서 대신 묻어 주라고 명령을 내리기도 했습니다.

조선 시대에는 지방의 문제를 조정에 보고하고, 조정에서 그 문제를 의논해서 내놓은 해결책이 다시 지방으로 내려오는 데 오랜 시간이 걸렸습니다. 하지만 조정에서 대책이 내려온 다음에야 죽은 사람이 누구인지 확인하고 한꺼번에 시신을 묻는 것은 시간이 오래 걸릴뿐더러 위생에도 좋지 않았습니다.

특히 전염병 같은 재해는 어느 정도 대책이 정해져 있기 때문에 정약용은 전염병으로 인한 피해를 미리 정리해 두도록 했습니다. 그리하여 나중에 조정에서 대책이 내려와도 따로 할 일이 생기지 않아 관리들은 그의 일처리에 감탄했습니다.

정약용은 곡산 부사로 발령받고 1년 7개월 동안 여러 가지 일을 척척 해결해 냈습니다. 그 과정에서 백성의 고달픈 생활을 직접 목격할 수 있었고, 안일한 지방 관리들의 행동으로 백성이 얼마나 힘들어지는지를 알 수 있었습니다. 정약용에게 나라가 잘살기 위해서 가장 중요한 것은 '백성'이 먼저 잘살아야 한다는 것을 깨달은 시간이었습니다.

정약용은 곡산 백성의 삶을 보살피는 데 최선을 다했습니다. 그에게 곡산 생활은 책으로 공부한 내용을 어떻게 실제 백성에게 도움이 되도록 활용할 것인가에 대해 생각할 수 있는 시간이었습니다.

그러나 그의 평화롭던 시간도 오래가지 못했습니다. 정약용이 곡산에서 일한 지 2년이 지났을 즈음이었습니다. 정조가 그를 한양으로 다급히 불렀습니다. 정약용은 왕의 부름을 받고 한걸음에 한양으로 올라갔습니다.

> 정약용을 통해 본
> 조선 시대

왕이 가장 믿는 신하에게만 주는 벼슬은 무엇일까?

암행어사

조선 시대에는 지방에서 일어나는 일이 바로 한양의 조정에 알려지지 않았습니다. 그래서 지방 관리가 왕의 눈을 피해 백성을 괴롭히는 경우가 많았습니다. 이런 일을 바로잡기 위해 생겨난 직책이 바로 암행어사입니다.

암행어사는 왕이 직접 임명하며, 지방 관리의 잘못을 찾아내 벌을 주는 일을 맡았습니다. 암행어사가 누구이고, 어떤 일을 하는지는 왕만 알기 때문에 비밀스럽게 진행되었습니다. 암행어사를 임명할 때도 은밀하게 왕이 직접 서신과 마패를 주어 암행어사로 뽑혔음을 알려 주었습니다. 암행어사로 뽑힌 사람도 편지를 받고 나서야 알 수 있는 것이지요. 서신의 겉면에는 어디에 도착하면 열어보라고 써져 있고 암행어사의 역할을 맡게 된 자는 편지를 열어보고 나서야 자신이 가야 할 목적지를 알 수 있었습니다.

그렇게 임명된 암행어사는 궁궐을 향해 절을 올리고 한양을 떠납니다. 만약 옷이나 짐을 가지고 가기 위해 집에 들르거나 다른 곳으로 가면 어떻게 될까요? 다

암행어사는 어사출두를 할 때 자신을 증명하는 수단으로 마패를 보여주었다.

른 곳으로 간 사실이 발각되는 즉시 엄한 벌을 받았습니다.

　이후 암행어사는 누더기 옷을 입어 변장을 하고 마패를 깊숙이 감춘 채 길을 떠납니다. 암행어사가 되면 혼자 길을 떠나는 것은 아닙니다. 시중을 들어 주는 한두 명의 하급 관리와 함께 역마를 타고 목적지로 향합니다.

　암행어사는 임무를 마치기 전까지는 한양으로 돌아올 수 없습니다. 만약 부모가 돌아가셨거나 가족 중 한 명이 위독하다는 소식을 들어도 암행어사의 임무를 마치지 못하면 자신이 맡은 지역을 떠날 수 없습니다. 그렇다면 암행어사가 제대로 일을 하는지 감시하는 지방 관리에는 어떤 사람들이 있을까요? 지방 관리에 대해서 알아봅시다.

조선 시대 지방 관리

조선은 지금처럼 전국을 8개의 도로 나누어 도를 다스리는 관찰사를 두었습니다. 그 밑으로는 행정 구역의 크기에 따라 부, 대도호부, 목, 도호부, 군, 현으로 나누었습니다. 그리고 이를 다스리는 벼슬을 수령 또는 사또라고 불렀습니다. 사또는 주로 맡은 지역을 다스리고, 나라에 내는 세금을 거두어들이는 일을 했습니다.

관찰사

가장 큰 행정 구역인 도를 다스리는 종이품 벼슬입니다. 각 지방의 세금을 거두고, 법을 집행하며, 군사를 다스려 치안을 지키는 등의 막강한 권한을 가지고 있습니다.

부윤

부를 다스리는 종이품 벼슬입니다. 부는 영흥부, 평양부, 의주부, 전주부, 경주부의 다섯 곳에 두었습니다. 지금의 특별시와 비슷한 크기의 큰 도시라고 생각하면 이해하기 쉽습니다.

부사

도호부를 다스리는 지방관으로 정삼품의 대도호부사와 종삼품의 도호부사를 아울러 부사라고 합니다. 정약용이 곡산에서 맡은 벼슬이기도 합니다. 군이었던 마을 중 1000호 이상의 가구가 사는 마을을 도호부로 정했다고 하며, 조선 시대

말에는 80여 곳이 있었다고 합니다.

목사

목을 다스리는 정삼품의 벼슬입니다. 대도호부사보다는 낮으나 도호부사보다는 높은 벼슬입니다. 전국에 20여 곳이 있었으며, 광주, 여주, 나주, 진주 등 '주'로 끝나는 도시에 두었습니다. 목사는 병사를 다룰 수 있는 권한이 있습니다.

군수

군의 행정을 맡은 종사품 벼슬입니다. 공물과 부역 등을 중앙에 전달하는 일을 했습니다.

현령·현감

큰 현을 다스리는 종오품 지방관을 현령, 작은 현을 다스리는 종육품 지방관을 현감이라고 합니다. 현령과 현감은 마을의 농사나 호구, 교육, 세금 징수 등을 관리합니다. 정약용의 아버지 정재원도 연천과 화순에서 현감으로 지냈었지요.

아전

조선의 중앙과 지방 관청에 있던 하급 관리로 이서, 이속이라고도 부릅니다. 지방관을 도와 백성을 다스리고, 지방관과 백성 사이에서 생기는 문제나 사건을 조정하는 역할을 하기도 합니다.

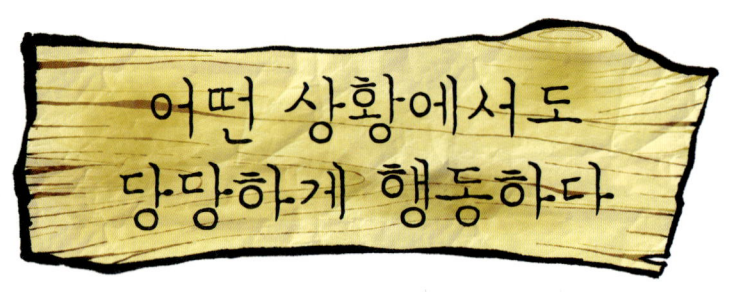

어떤 상황에서도 당당하게 행동하다

정조는 정약용을 조정으로 불러 형조 참의라는 직책을 맡겼습니다. 그리고 오랫동안 해결하지 못한 사건을 처리하라는 명을 내렸습니다. 여러 사건을 파헤쳐 보니 죄 없이 억울하게 옥살이를 하는 사람이 있는 반면, 재산을 속여 세금을 한 푼도 내지 않고도 떳떳이 살아가는 사람도 있었습니다. 정약용은 일의 시시비비를 공명정대하게 가려 어려움에 처한 백성은 풀어 주고 죄가

공명정대 하는 일이나 태도가 공평하고 올바르며 떳떳하다.

있는 사람은 벌을 주었습니다.

　정조는 청렴한 정약용이 곁에서 자신을 도와 일하는 게 든든했습니다. 정조는 나랏일로 마음이 불편할 때면 정약용을 불러 이야기를 나누기도 했습니다. 정약용의 조언은 정조에게 큰 힘이 되었지요. 이때 정약용의 나이는 서른여덟이었습니다. 높은 벼슬에 오르기에는 젊은 나이였지만 정조는 정약용이 충분히 해 낼 수 있을 거라고 생각했습니다. 오히려 더 높은 벼슬에 올라 자신에게 큰 힘이 되었으면 하는 바람이 있었습니다.

　정조는 20년간 나라를 다스리며 정약용처럼 뛰어난 인재들과 함께 개혁 정책을 이끌어 왔습니다. 노론이 자신들의 세력이 약해지는 것을 걱정해 정조를 방해했음에도 개혁 정책을 펼칠 수 있었던 것은 초계문신제도 덕분이었습니다. 초계문신제도는 37세 미만의 젊은 관료 중에서 똑똑한 사람을 신분에 상관없이 발탁해 규장각에서 수준 높은 공부를 시키는 제도입니다. 정약용과 유득공 등도 여기서 키운 인재였습니다. 또한 정조는 왕의 직속 군대인 장용영을 만들어 왕의 권력을 높일 군사력도 키웠습니다.

　하지만 정조에게 큰 위기가 닥쳤습니다. 남인이자 정조가 가장 믿었던 신하인 채제공이 세상을 떠난 것입니다. 채제공은 개혁을 주장하는 편에 서서 정조에게 큰 힘을 실어 주던 인물이었습니다. 젊은 인재들을 지지해 주던 버팀목이 사라진 셈이라 정조의 세력은 큰 혼란에 빠졌습니다. 정조는 이런 상황에서 정약용이 채제공의 역할을 해 주길 바랐던 것입니다.

오랜 세월 벼슬을 해 온 노론은 정조의 세력이 흔들리는 기회를 놓치지 않았습니다. 정조의 개혁 정치를 비판하고 모함하는 목소리를 더욱 높였습니다. 그리고 정조가 정약용을 옆에 두고 아낀다는 사실을 알고 정약용을 감시하기 시작했습니다. 정약용이 세력을 얻으면 자신들이 조정에서 밀려날까 봐 두려웠기 때문입니다. 노론 세력은 어떻게든 정약용을 모함해 궁에서 내쫓으려고 했습니다. 정약용의 약점을 살피던 그들은 한 가지 계략을 생각해 냈습니다.

"정약용이 천주교를 믿지 않습니까."

"그렇지. 천주교와 엮어 그를 궁궐에서 내쫓으면 되겠소."

"거기다가 그가 왕의 자리까지 넘본다고 하면 어떻소?"

"임금이 과연 믿을까요?"

"일단 한번 밀고 나가 봅시다."

그들은 정약용이 천주교를 믿으며, 천주교로 백성을 현혹하여 왕의 자리까지 넘보고 있다고 헛소문을 퍼뜨리기 시작했습니다. 그리고 이를 정조에게 고해바쳤습니다. 정조는 그들의 계획을 눈

치챘습니다. 그들은 **호시탐탐*** 정약용을 비롯해 자신이 아끼는 신하들을 조정에서 내쫓고 싶어 했기 때문입니다.

정조는 자신이 가까이하는 정약용을 포함한 신하들을 지키려고 노력했지만 쉽사리 도움을 주지 못했습니다. 노론 세력의 힘이 점점 커지고 있었기 때문이지요. 정약용은 자신 때문에 정조와 주변 사람들이 힘들어한다는 생각에 마음이 너무 괴로웠습니다. 결국 정약용은 벼슬에서 물러나기로 결심했습니다.

* * *

벼슬에서 물러난 정약용은 다시 고향으로 내려갔습니다. 그곳에서 실학자들과 만나 여러 이야기를 나누며 백성에게 도움이 될 수 있는 것이라면 분야를 가리지 않고 연구했습니다. 역사, 지리, 국방, 농업, 의학 등 정약용의 손길이 미치지 않은 분야가 없을 정도였습니다. 박제가와 천연두 치료법인 종두술도 연구했습니다.

정약용은 선비도 농사를 지어야 한다고 생각했습니다. 과거 시

호시탐탐 호랑이가 눈을 부릅뜨고 먹이를 노려본다는 뜻으로, 남의 것을 빼앗기 위해 기회를 엿본다는 말이다.

험 공부를 한다는 핑계로 일을 하지 않는 것은 큰 죄라고 여겼습니다. 신분을 떠나 모든 백성이 농사를 지으면 집안 살림에도 보탬이 되고 나라에도 도움이 될 거라고 생각했습니다. 그래서 자식들에게도 양반이라고 스스로를 특별하게 생각하지 말고 부를 얻으면 어려운 사람을 돕는 일에 쓰라고 조언하기도 했습니다.

"고향에 오니 좋구먼. 여기서 전하를 도울 방법을 생각해야겠어."

하지만 정약용은 고향에 오래 머무르지 못했습니다. 정조가 정약용의 사직 상소를 보고 벼슬을 그만두더라도 한양으로 올라오라고 명령했기 때문입니다. 정약용은 고민에 빠졌지만 왕의 명령을 거스를 수 없기에 다시 한양으로 올라갔습니다.

한양에 와서도 조정에는 나가지 않고 집에만 머물렀습니다. 책을 읽고 글을 쓰며 하루를 보냈습니다. 그러던 어느 날 규장각의 서리˙가 보퉁이를 들고 찾아왔습니다.

"전하께서 다섯 권은 대감 댁의 가보로 자손에게 대대로 물려주라 하셨고, 다섯 권은 대감이 직접 제목을 써서 보내라고 하셨습니다. 그리고 전하께서 곧 부를 것이니 준비를 하고 있으라고

서리 조선 시대 중앙 관아에 속해 문서의 기록과 관리를 맡아보던 하급의 관리.

하셨습니다."

정약용은 서리를 배웅하고 방으로 들어와 보퉁이를 열어 보았습니다. 정조가 보낸 것은 《한서선》 다섯 권과 제목을 다시 써서 보내야 할 다섯 권이 들어 있었습니다. 또한 정조가 직접 정약용에게 쓴 편지도 있었습니다. 편지에는 책을 새로 만들 일이 있어 정약용을 부르려고 했지만 인쇄에 쓰이는 활자를 만드는 관청인 주자소를 새로 고쳐서 당장은 일을 할 수 없으니 그동안 다섯 권의 제목을 써서 다시 돌려보내라고 쓰여 있었습니다.

이 편지는 정약용에게 어떤 일이든 맡겨 자신의 옆에서 일할 수 있도록 하겠다는 정조의 마음을 보여주는 것이었습니다. 정약용은 관직을 버린 자신을 잊지 않고 마음을 써주는 임금이 참 감사했습니다. 정약용은 정조의 바람처럼 다시 임금의 옆에서 든든한 지원군이 되리라 다짐했습니다. 하지만 결국 정약용은 정조의 곁으로 돌아가지 못했습니다.

1800년, 정조가 병에 걸려 갑작스럽게 세상을 떠났기 때문입니다. 정약용은 서리를 통해 받은 책이 마지막이 되리라고는 상상조차 못했습니다. 정약용의 머릿속에는 그동안 정조와 있었던 일이 주마등처럼 스쳐 지나갔습니다. 정약용은 마음을 추스르려고 했지만, 정조를 잃은 슬픔에 눈물이 저절로 흘렀습니다. 임금에게 마지막 인사조차 못한 것이 매우 한스러웠습니다. 반대파가 자신을 공격할 때마다 감싸 주던 모습이 떠올라 더 마음이 아팠습니다. 또한 정조의 개혁을 제대로 돕지 못한 점에 죄책감이 들었으며, 이제 나라가 어떻게 될지 걱정되기도 했습니다. 정약용은 조정으로 들어갈 생각을 접고 고향 마현에서 조용히 살기로 했습니다.

* * *

정조의 뒤를 이어 순조가 열한 살의 어린 나이에 왕위에 올랐습니다. 순조가 직접 나라를 다스리기에는 너무 어렸기 때문에 순조의 증조할머니인 정순왕후가 왕을 대신해 나라를 다스렸습니다. 정순왕후가 정권을 잡자 그동안 정조의 개혁에 불만을 갖던 이들이 나라를 이끄는 형국이 되었습니다.

정순왕후와 가까운 김관주, 심환지 등이 정권을 잡고 가장 먼저 한 일이 있었습니다. 바로 그동안 눈엣가시처럼 여겨왔던 천주교도를 잡아들이는 일이었지요. 윤리를 바로잡는다는 이유를 내세웠으나 진짜 목적은 정조가 뒷받침하던 개혁 세력을 없애는 데 있었습니다.

정순왕후는 서학과 천주교에 관여한 사람을 모두 엄히 다스리겠다고 알렸습니다. 정조가 죽은 다음 해인 1801년, 정순왕후의 명에 따라 천주교를 공부했던 젊은 학자들이 의금부로 끌려갔습니다. 수많은 천주교도 혹은 천주교도라고 누명을 쓴 사람들이 처형되거나 유배에 보내졌습니다. 이 일을 신유년에 천주교도를 처음으로 박해한 사건이라고 하여 '신유박해'라고 부릅니다.

정약용은 집이 수색당할지 모르니 천주교에 관련된 책과 물건, 신부와 주고받은 편지들을 숨겼습니다. 하지만 이미 천주교의 핵심 인물이었던 형 정약종을 비롯해 정약전, 매형 이승훈과 이익의 사상을 가르치던 이가환 등 정약용의 주변 사람들이 모두 잡혀 들어갔습니다. 고향에 내려가 있던 정약용 역시 끌려갈 수밖에 없었습니다. 그뿐 아니라 천주교 책을 한 번 읽었다는 이유로 천주교와 관계없는 실학자들까지 잡혀가기도 했습니다.

"정약용, 천주교를 접한 사실을 인정하느냐?"

"저는 서학을 통해 천주교를 접했으나 이후 종교를 믿거나 유교적 의식을 거부한 적은 한 번도 없습니다."

의금부에서는 정약용에게 증거가 충분하지 않으니 풀어 주자는 의견이 나왔지만, 정약용을 경계하던 무리가 계속 조사를 해야 한다고 주장했습니다.

그중 한 명이 바로 서용보라는 인물이었습니다. 서용보는 노론으로 정약용이 암행어사를 할 때 고급 관리에 있었습니다. 당시 서용보는 백성들을 상대로 부당하게 재물을 모았고, 이를 알게 된 정약용이 서용보의 만행을 고발했습니다. 그 후로 서용보는 정약용에게 앙심을 품고 있었지요. 그리고 하필이면 서용보는 순조가 왕에 오른 후 우의정에 임명되어 대단한 권력을 쥐었습니다.

신유박해로 감옥에 들어간 사람들은 모진 고문을 당했습니다. 증거가 불충분했던 정약용도 예외는 아니었지요. 정약용은 고문을 당하면서도 꿋꿋하게 자신의 무죄를 주장했습니다.

정약용의 형 약종과 매형 이승훈은 천주교도임을 부

인하지 않아 처형을 당하고 말았습니다. 이가환은 가혹한 고문을 이기지 못하고 감옥에서 죽음을 맞이했습니다. 정약용과 정약전은 여러 대신이 죄가 없음을 증명해 주어 죽음을 면했습니다. 하지만 두 형제는 귀양살이를 떠나야만 했습니다. 정약용은 경상도 장기로, 정약전은 전라도 신지도로 귀양지가 정해졌습니다.

　가족과 헤어지고 귀양길에 오른 정약용은 부모님 묘소를 찾아 성묘를 했습니다. 그리고 귀양지인 장기로 가 군인의 집에서 살았습니다. 모진 고문을 당한 뒤라 몸과 마음이 모두 병들어 있었습니다. 게다가 하루아침에 역적으로 몰려 셋째 형은 사형당하고 둘째 형은 자신처럼 귀양살이를 떠난 지금의 상황이 믿기지 않았습니다.

안 좋은 일이 한꺼번에 일어나니 몸과 마음이 나아지지 않았습니다. 하루하루가 지옥을 오가는 마음이었지만, 낙담만 한다고 달라질 게 없음을 잘 알았습니다. 정약용은 한양에 남아 있는 자신의 가족을 생각하며 안정을 찾으려고 노력했습니다. 아들에게 가족을 잘 보살피라는 당부의 편지를 보내기도 했습니다.

장기에서의 생활은 가족과 친구가 없어 더욱 외로웠습니다. 아무도 없는 집에서 혼자 있다가는 안 좋은 생각만 들어 마을 산책을 나서기도 했습니다. 이곳에 사는 백성들 역시 살림살이가 매우 어려움에도 꿋꿋이 살아가고 있었습니다. 그 모습에 정약용은 크게 깨달았습니다.

힘들고 아픈 시련을 겪었지만 백성의 모습을 보니 어서 정신을 차려야겠다고 생각했습니다. 그동안의 아픔이 백성과 가까이에 있으면서 점차 치유됨을 느꼈습니다. 그리고 백성을 위해 자신이 지금 무엇을 할 수 있을지를 생각하기 시작했습니다.

> 정약용을 통해 본 조선 시대

조선에서 천주교는 종교가 아니었다고?

천주교의 전래와 발달 과정

조선 시대에 서양의 종교가 처음 들어온 것은 17세기 무렵이었습니다. 중국이나 일본은 이미 천주교가 들어와 서양 선교사의 활동에 대해 탄압 혹은 허용의 태도를 취하던 시기였습니다.

17세기 북경을 오가던 조선의 사신은 서양의 앞선 과학 기술과 문물을 소개하는 책을 가지고 들어왔습니다. 그중에 《천주실의》가 있었습니다. 조선에서는 이처럼 서양 문물을 소개하는 학문을 서학이라고 불렀습니다.

《천주실의》는 마테오 리치라는 이탈리아 예수회 선교사가 지은 책입니다. 중국에서 포교 활동을 하면서 동양 사회에 천주교를 전파하기 위해 성서 내용과 천주교 교리를 쉽게 풀어 썼지요. 이수광이 《지봉유설》에서 이 책을 소개하여 조선의 양반층에 먼저 알려졌습니다. 그래서 처음엔 학문의 한 분야로서 연구되다가 나중에야 종교로 받아들여졌지요.

초기 천주교는 주로 남인과 상민, 중인, 부녀자에게 전해졌습니다. 조선에는 교황에게 인정받은 성직자가 없었기 때문에 임시로 미사를 열거나 세례를 했습니다. 이에 사제가 필요함을 느끼고 한 명을 중국으로 보냈습니다. 그가 바로 이승훈입니다.

이승훈은 우리나라 최초로 중국에서 세례를 받고 돌아와 미사와 전례를 행했습니다. 그 뒤 김대건이 다시 중국으로 가 사제 교육과 서품을 받고 최초의 신부가 되어 돌아왔습니다.

신유박해의 배경과 결과

조선은 유교 문화에 전통을 두고 있어 천주교의 내용은 큰 혼란을 불러일으켰습니다. 특히 조상에게 제사를 지내는 것을 우상 숭배라고 하여 금지한다는 내용은, 조선 시대 사람에게는 말도 안 되는 것이었습니다.

이를 빌미로 천주교도들은 조정 대신들의 반발과 탄압을 받아 1866년까지 대규모 검거와 처형이 이뤄졌습니다. 그중 제일 처음 이뤄진 천주교에 대한 탄압이 바로 1801년(신유년)에 일어난 신유박해입니다.

신유박해는 조선의 사상과 맞지 않은 천주교의 세력이 커지는 것을 나라의 뿌리가 흔들리는 것이라 생각하고 행해진 종교 탄압이었습니다. 동시에 나이 어린 순조를 대신해 정치에 나선 정순왕후와 그녀를 떠받드는 노론이, 반대 세력인 남인을 탄압하기 위해 꾸민 권력 싸움이기도 했습니다.

신유박해는 한국천주교회에 처음으로 가해진 박해로 기록되고 있습니다. 이

천주교 신자의 순교지 위에 세워진 전주 전동성당.

사건으로 이승훈, 이가환, 정약종 등의 천주교도들이 처형되거나 유배되었습니다.
 이때 살아남은 천주교도는 경기도 산속이나 강원도, 충청도 등에 숨어들었고, 그 와중에도 천주교를 알리기 위해 애썼습니다. 이 사건으로 선비 중심의 천주교는 서민 사회로 뿌리내리게 되었고, 천주교는 오히려 전국적으로 확산되었습니다.

시련을 이겨내고 학문을 꽃 피우다

정약용이 귀양살이를 하고 있는 도중 큰 사건이 일어났습니다. 정약현의 사위인 황사영이 벌인 일이었습니다. 황사영은 신유박해 때 충청북도 제천의 배론으로 피신해 화를 면했습니다. 하지만 신유박해로 인해 청나라 신부인 주준모를 비롯해 수많은 천주교도가 처형되거나 유배되었기 때문에 황사영은 조선천주교회의 앞날이 걱정되었습니다.

그래서 그와 천주교도들은 청나라 천주교 교당에 서신을 보내기로 했습니다. 청나라의 천주교회에서는 분명 자신들을 도와줄 것이라고 확신했습니다. 또한 청나라에는 서양에서 온 신부가 많이 있었기 때문에 그들이 도와줄지도 모른다고 생각했습니다. 황사영은 같이 숨어 지내는 천주교 신자들에게 의견을 물었습니다.

"청나라에 서신을 보내서 도움을 요청하는 게 좋을 것 같습니다. 여러분의 생각은 어떻습니까?"

"좋은 생각입니다. 그런데 어떻게 서신을 몰래 중국까지 보낼 수 있을까요."

한 신도가 좋은 방법이 있다며 자신 있게 대답했습니다.

"백반을 물에 탄 물감으로 흰 비단에 글을 쓰면 비밀스런 서신을 만들 수 있습니다. 비단에 쓴 글씨가 마르면 글씨가 보이지 않거든요."

"보이지 않는데 서신의 내용을 어떻게 전한다는 말이오?"

"비단을 물에 적시면 글이 다시 보이지요. 서신과 함께 글을 읽는 방법을 알려 주면 됩니다. 그러면 중간에 들키더라도 서신의 내용이 밖으로 새어 나가지 않을 겁니다."

"그거 참 좋은 방법이군요."

황사영은 곧바로 실행에 옮겼습니다. 직접 백반을 물에 타 흰 비단에 글을 적기 시작했습니다. 주준모 신부의 처형 소식과 조선의 조정에서 천주교를 더 이상 탄압하지 못하도록 서양의 군함을 몰고 와 조선을 위협해 달라는 내용까지 적었습니다.

글을 다 적고 비단을 말리자 글씨가 사라졌습니다. 두 명의 신도가 중국으로 몰래 편지를 전달하기로 했습니다. 하지만 두 신도가 지레 겁을 먹은 나머지 어색한 모습을 보이다가 포졸의 검문에 걸리고 말았습니다. 신도들은 가혹한 고문을 견디지 못하고 서신의 내용을 털어놓고 말았습니다. 이 사건 때문에 나라가 발칵 뒤집어졌습니다.

"이런 말도 안 되는 일이 일어나다니요!"

"천주교인이 이제는 나라를 망하게 하려나 봅니다."

"당장 황사영을 찾고 그 무리까지 모두 처단해야 합니다."

대신들은 저마다 한마디씩 하면서 펄펄 뛰었습니다. 그리고 불똥은 귀양살이를 하고 있는 정약용에게까지 튀었습니다. 귀양지에서도 정약용은 백성에게 도움이 될 연구를 하고 책을 쓰며, 자신의 이름을 드높이고 있었습니다. 노론 세력은 정약용이 복귀하면 다시 자신들에게 위협이 될 것이라고 생각해 이번 일에 정약용을 끌어들인 것입니다.

"황사영은 정약용의 조카사위이니 분명 정약용도 이 사건과 관련이 있을 것이오. 정약용을 한양으로 불러 조사해야 합니다."

황사영 사건은 눈덩이처럼 커져 정약용과 정약전이 한양으로 끌려오기에 이르렀습니다. 황사영과 함께 숨어 있던 천주교인들은 한양으로 잡혀 와 처형되었습니다. 정약용과 정약전에게도 다시 모진 고문이 시작되었습니다. 그들의 목숨은 바람 앞의 등불처럼 위태로운 상황에 처했습니다.

"너희가 이 사건에 연루된 것을 알고 있다. 좋은 말로 할 때 사실대로 털어놓는 것이 좋아."

"우린 이 사건과 아무런 관련이 없소."

"아직도 정신을 못 차렸군."

정약전과 정약용은 계속되는 고문에 몸과 마음이 지쳐 갔습니다. 두 형제에게 뚜렷한 증거가 나오지 않자 조사는 길어졌고, 감옥에 오래 갇혀 있는 것만으로도 몸 상태는 점점 나빠졌습니다. 하지만 조정의 권력가들이 정약용을 없앨 기회라고 생각해, 두 형제를 처형해야 한다고 의견을 모으고 있어서 빠져나오기가 쉽지 않았습니다.

그러던 중 뜻밖에도 노론이었던 정일환이 정약용을 변호해 주었습니다. 정일환은 황해도에서 벼슬살이를 했던 선비였습니다.

"정약용은 이 사건과 아무 연관이 없습니다. 정약용은 이 사건이 일어났을 때 경상도 장기에 있었고 유배지에서 아무도 만나지 않았다고 들었습니다. 그런데 어떻게 사건의 주동자가 될 수 있겠습니까. 이건 말이 안 됩니다."

"흠……."

"정약용을 처형하면 안 되는 이유는 더 있습니다. 황해도 곡산 부사로 있을 때 그는 청렴결백하였고, 백성의 어려움을 살펴 신망이 두터웠습니다. 만약 정약용을 처형한다면 백성은 가만있지 않을 것입니다. 그가 지금까지 보여준 행동을 보아 조정의 음모라고 생각할 것이며, 무고한 이를 처형했다는 비방이 거셀 것입니다."

정일환은 대신들에게 왜 정약용을 벌주면 안 되는지에 대해 열변을 토했습니다. 정일환의 이야기는 하나같이 설득력이 있었습니다. 결국 정약용이 사건의 주동자라는 증거를 찾지 못했고, 처형은 이루어지지 않았습니다.

정약용과 정약전은 정일환 덕분에 처형은 면했으나 다시 귀양살이를 가야 했습니다. 귀양지는 저번과 달리 정약전은 전라도 흑산도, 정약용은 전라도 강진으로 한양과 더 멀리 떨어진 곳이었습니다.

* * *

"형님, 다시 뵐 때까지 부디 몸 건강하세요. 꼭 다시 만날 수 있

을 것입니다."

정약용은 정약전에게 애써 웃어 보이며 말했습니다.

"그래, 너도 몸조심하여라."

형제는 아쉬움에 서로의 손을 꽉 부여잡았다가 헤어졌습니다. 정약용은 형과 이별했을 때의 슬픔을 〈봉간손암〉이라는 시로 남겼습니다.

> 제일 미운 것은 율정점의 문 앞길이 두 갈래로 난 것이네
> 원래 한 뿌리에서 태어났는데 낙화처럼 뿔뿔이 흩날리다니
> 천지를 넓게 볼 양이면 모두가 한 집안이건만
> 좀스레 내 꼴 내 몸만 살피자니 슬픈 생각 언제나 끝이 없지.

결국 두 형제는 다시 만나지 못했습니다. 정약전이 귀양살이를 떠난 지 약 16년 뒤에 흑산도에서 가까운 섬인 우이도에서 정약용을 기다리다 세상을 떠났기 때문입니다.

유배지에 도착한 정약용은 주막의 초라한 뒷방에서 쓸쓸하게

지냈습니다. 정약용은 〈객중서회〉라는 시를 지어 자신의 외롭고 처량한 마음을 표현했습니다.

북풍한설*이 몰아치듯 나를 밀어
머나먼 남쪽 강진의 주막에 내려두었네.
다행히 곁에 낮은 산이 있어 바닷바람을 막아 주고
아름다운 대나무 숲은 세월이 가는 걸 알려 주네.
날이 따듯해 겨울이라도 옷은 껴입지 않지만
근심이 많아 밤마다 마시는 술은 늘어가네.
나그네 마음 달래 주는 것 하나 더 있으니
동백이 설도 오기 전 꽃을 피운 것이네.

정약용은 글을 쓰며 자신의 마음을 달랬습니다. 그러면서도 자신의 삶을 후회하거나 한탄하지는 않았습니다.

한편 한양에서는 정약용의 아들을 비롯한 지인들이 정약용이 유배에서 풀려날 수 있도록 백방으로 노력했으나 뜻을 이루지 못

북풍한설 북쪽에서 불어오는 추운 바람과 시린 눈을 뜻하며, 힘든 시련을 비유적으로 표현하기도 함.

했습니다.

　강진 근처 해남에는 정약용의 외갓집이 있었습니다. 정약용은 외갓집에 사람을 보내 책을 빌려 읽기 시작했습니다. 또한 가까운 곳에 있던 만덕사라는 절에는 학식이 높은 스님이 책을 많이 가지고 있어서 책을 빌릴 수 있었습니다. 마치 어린 시절에 그랬던 것처럼 그는 책과 함께 하루하루를 보냈습니다.

* * *

　정약용은 책 쓰는 일에 열중했습니다. 정약용이 책을 쓴 이유는 그동안 자신이 익힌 학문을 정리하기 위해서만이 아니라 백성이 보다 잘살 수 있도록 돕기 위해서였습니다.

　정약용은 귀양살이를 하면서 백성의 삶이 전과 다름없이 힘들고 가난하다는 것을 알았습니다. 문제는 세금을 빼돌리려는 나쁜 관리였습니다. 관리는 여전히 세금을 핑계로 백성의 재산을 빼앗아 가난한 백성의 삶을 더욱 힘들게 만들었습니다.

　백성은 죽은 지 몇 년 지난 사람의 군포를 내거나, 군포를 못 내서 도망친 이웃 사람이나 친척의 것까지 대신 내기도 했습니다.

　환곡도 백성을 수탈하는 수단이 되고 있었습니다. 환곡은 봄에 먹을 것이 떨어진 백성에게 곡식을 꿔주고 추수가 끝나면 약간의 이자를 붙여 되돌려받는 것입니다. 하지만 백성의 굶주림을 막기 위한 이 수단이 가진 자에게만 유리하게 적용되고 있었습니다. 꿔줄 때는 쌀에 모래를 섞어 무게를 속이거나 상태가 나쁜 쌀을 주고, 돌려받을 때는 무게를 재는 저울을 다르게 써서 꿔준 것보다 더 많은 곡식을 내게 하기도 했습니다.

백성이 고통받는 모습을 볼 때마다 정약용의 마음도 아팠습니다. 백성을 위해 실학을 공부해 왔는데 벼슬자리에서 쫓겨나 아무것도 못 하게 되었으니 책을 지어서라도 그들을 돕고 싶었습니다. 백성의 삶에 도움이 되는 글을 쓰기도 했고, 그들의 힘든 삶을 시로 표현해 실상을 알리기도 했습니다.

그중에서도 〈여름날 술을 마시며〉라는 시는 백성을 제대로 보살피지 않고 오히려 백성의 것을 빼앗아 자신의 배만 불리는 지방 관리를 고발하는 내용입니다.

봄철에 좀먹은 쌀 한 말 받고
가을에는 온전한 쌀 두 말 바치고
또 좀먹은 쌀값 돈으로 내라 하니
온전한 쌀 판 돈 바칠 수밖에

이익으로 남는 것은 간악한 자들의 배를 채우니
한번 벼슬길에 오르면 천 경 논이 생긴다네
쓰라린 고초는 가난한 백성의 몫이니
휘두르는 채찍질에 살점이 떨어지네
큰 가마 작은 솥 모두 가져가고
자식은 팔려 가고 송아지도 끌려가네
(…중략…)
농가 양식 대 준다고도 말하지 말라
너무 자애로워 오히려 지나치구나

정약용이 쓴 글은 해가 갈수록 많아졌습니다. 정약용은 몇 년 동안 수십 권을 집필해 주변 선비들을 놀라게 했습니다.

정약용의 이름은 금세 근방에 퍼져 여러 사람이 찾아와 가르침을 청했습니다. 정식으로 제자가 되길 원하는 사람도 있어 정약용은 그들을 가르치는 데에도 시간을 쏟았습니다.

그중 윤단이라는 선비는 정약용에게 만덕산에 지어 둔 자신의 초가집을 주었습니다. 그가 학문에 열중할 수 있도록 돕고 싶었기 때문이지요. 만덕산은 차(茶)가 많이 나는 곳이라 '다산(茶山)'이라고도 불렸습니다. 정약용은 다산의 초가집에 머물면서 자신

다산초당은 다산 정약용이 유배 생활을 했던 곳으로 사적 제107호로 지정되어 보존되고 있다. 원래는 초가집이었으나, 다산유적보존회에서 기와집으로 다시 지었다. 또한 현판의 '다산초당' 글씨는 추사체로 유명한 김정희가 쓴 것이라고 한다.

의 호를 다산이라고 정했습니다. 이 때문에 정약용이 지내는 초가집 역시 다산초당이라고 불렸습니다.

* * *

정약종이 대역무도한 죄인으로 사형을 당해 정약용의 집안은 벼슬에 나갈 수 없었습니다. 그래서 정약용은 아들에게 늘 미안한 마음을 가지고 있었습니다. 정약용은 아들에게 이런 마음을 담아 편지를 보내기도 했습니다.

> 학자가 어려운 형편에 놓여야 비로소 글을 쓸 수 있다는 것을 이제야 알겠다. 부귀영화를 얻으려는 마음이 사라져야 깨끗한 마음으로 글을 읽고 쓸 수 있는 것이다. 너희들은 이제 집안이 망해 과거에 응시할 수 없다. 그러니 과거 공부 때문에 학문을 제대로 하지 못할 걱정은 안 해도 되겠다. 너희는 이제야 참으로 독서할 때를 만났다고 생각하거라. 망한 집안의 자식이 글도 못 하고 예절도 갖추지 못한다면 어떻겠느냐. 아무쪼록 학문에 힘쓰도록 하여라.

정약용이 유배를 간 다음 해에 아들 학연이 찾아왔습니다. 오랜만에 아버지를 본 학연은 공손히 절을 올렸습니다.
"아버님, 그동안 여기서 얼마나 힘드셨습니까."

대역무도 임금이나 나라에 죄를 지어 도리에 크게 어긋남.

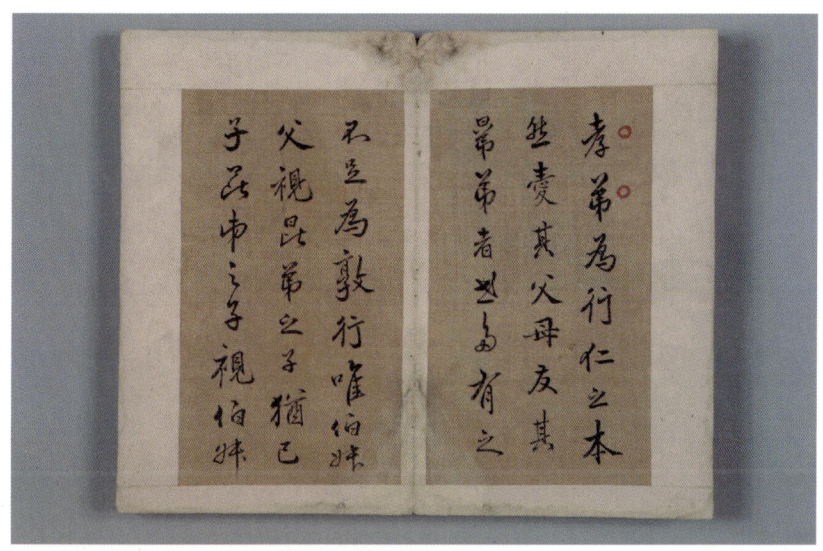

《하피첩》은 정약용의 아내 홍씨 부인이 보낸 치맛감에 두 아들에게 교훈이 될 만한 구절을 적어 만든 책이다.

정약용은 아들이 자신을 위해 멀리까지 와 주어 무척 고마웠습니다. 어느새 정약용의 눈에는 눈물이 맺혀 있었습니다.

"아니다. 나는 고생이라고 생각하지 않는다. 가족은 전부 잘 있느냐?"

"네, 아버지. 가족 걱정은 하지 마세요. 제가 잘 살피겠습니다. 아버지 건강만 잘 살피세요."

정약용은 아들에게 많은 이야기를 해 주었습니다.

"나로 인해 너희 벼슬길이 막혀 마음이 아프구나. 하지만 선비

가 꼭 벼슬자리를 위해 학문을 하는 건 아니니 학문의 기초를 잘 쌓도록 해라."

"네, 아버지. 명심하겠습니다."

"선비는 백성을 위해, 나라를 위해 무엇을 할 것인지를 늘 생각해야 한다. 백성이 살기 좋은 나라를 만들기 위해 공부한다고 생각하려무나."

"네, 아버지."

늦은 밤이 되도록 둘의 대화는 끊이지 않았습니다. 다음 날 정약용은 이른 아침 아들을 깨워 만덕산을 올랐습니다.

"시원한 바람이 불어오니 가슴이 후련해집니다."

"그러하지? 나도 머리가 아플 때면 종종 이곳에 올라 머리를 식힌단다."

멀리 펼쳐진 바다를 보던 정약용은 문득 흑산도에 있는 형 정약전이 떠올랐습니다.

'갑자기 형이 생각나는구나. 잘 지내고 계시겠지.'

정약용은 답답함에 한숨을 쉬었습니다. 그러자 아들 학연이 물었습니다.

"아버지, 무슨 걱정이 있으십니까."

"문득 형님이 그립구나."

"흑산도에 계시는 작은아버지 말씀이십니까."

"형님이 낯선 섬에서 얼마나 고생이 많을지 생각하니 마음이 아프구나."

"잘 계실 겁니다. 제가 가끔 내려가 작은아버지를 살피겠습니다."

아들이 돌아간 뒤 정약용은 다시 책을 쓰고 제자들을 가르치면서 생활했습니다. 그러는 동안에는 모든 걱정을 잊을 수 있었습니다. 어떤 날은 귀양에 오지 않았다면 이런 시간을 보내지 못했을 테니 잘된 일이라는 생각도 들었습니다.

'귀양을 오지 않았더라면 지금처럼 여유를 찾지도, 학문을 닦을 시간도 없었을 거야.'

> 정약용을 통해 본 조선 시대

정약용은 왜 두 번의 유배를 가야 했을까?

유배

유배란 고려 시대나 조선 시대에 죄를 지어 관직에 나갈 수 없는 자들을 먼 국경 지대나 외딴 섬으로 보내 살게 하던 형벌입니다. '고향으로 돌아간다'는 뜻인 귀향에서 변형된 '귀양'이라고도 하는데 중앙 또는 관직에서 지내다가 고향을 간다는 것은 집안 사정이나 병이 아니면 좌천이나 책임져야 할 잘못을 저질렀음을 의미했기 때문입니다. 하지만 죄를 짓지 않아도 억울한 상소를 당하거나 정치적 반대파의 모함으로 귀양을 가는 경우도 많았습니다.

유배의 종류로는 죄인 혼자 육지에서 떨어진 섬에서 유배 생활을 하게 하는 절도안치, 죄인이 사는 집 둘레에 울타리를 쳐서 나가지 못하고 바깥사람의 출입도 금지하는 가극안치, 죄인의 고향에서 유배 생활을 하는 본향안치 등이 있습니다. 안치가 아닌 경우는 그곳의 주민과 어울려 지내거나 가족 또는 제자를 데려가 같이 지내는 것을 허락했습니다.

조선 시대에는 유배가 많았던 만큼 정약용처럼 유배지에서 학문적 성취를 이룬 경우도 많았습니다. 유배지에서 쓴 것을 유배 문학이라고도 부릅니다.

　유배 문학의 대표적인 작품으로는 홀로 계신 어머니를 위로하기 위해 유배지에서 쓴 것으로 알려져 있는 김만중의 《구운몽》이 있습니다. 또 정철은 유배지 전라남도 담양에서 〈사미인곡〉과 〈속미인곡〉을 썼으며, 두 작품은 우리나라 대표 가사 문학으로 불리고 있습니다.

　이처럼 빼어난 작품과 저서들이 유배지에서 많이 나와 유배 문학은 국문학사에서 중요한 위치를 차지하고 있습니다.

정약전의 유배 생활

　한편 정약용과 동시에 유배 생활을 했던 형 정약전은 흑산도로 갔습니다. 정약전이 유배 생활을 한 흑산도는 전라남도 목포에서 남서쪽으로 97킬로미터 떨어진 섬입니다. 정약용이 그리워하고 걱정하던 정약전은 흑산도에서 어떤 일을 하며 하루를 보냈을까요?

　정약용처럼 정약전도 유배 생활을 하면서 학문에 열중하여 책을 쓰기도 했습니다. 정약전은 주변 바닷가로 나가 물고기와 어패류를 조사했습니다. 그리고 자신이 관찰한 것을 정리하여 《자산어보》라는 책을 썼습니다. 이 책은 수산물의 실태를 그 당시와 비교할 수 있는 유일한 자료로 역사적 가치가 높습니다. 또한 나라의 소나무 관리 정책이 잘못되었음을 비판하는 《송정사의》라는 책도 지었지요.

정약전이 유배를 지냈던 흑산도 사리의 모습.

정약전은 16년 동안 유배 생활을 하면서 점점 건강이 약해졌고 끝내 유배에서 풀려나지 못하고 섬에서 생을 마감했습니다.

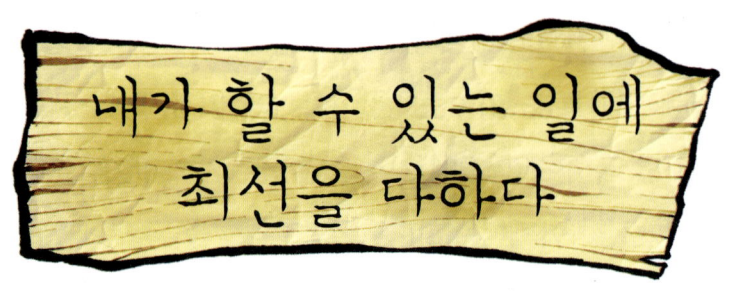

내가 할 수 있는 일에 최선을 다하다

정약용은 새로운 마음으로 평생 해 왔던 공부를 처음부터 다시 하자고 마음먹었습니다. 먼저 유학부터 되짚어 보기 시작했습니다. 유학은 조선 시대에 나라와 백성을 다스리는 바탕이었던 학문이자 정약용이 평생 공부했던 학문이었습니다.

유학에서는 아랫사람은 윗사람을 공경하고 윗사람은 아랫사람에게 덕을 베풀어야 한다고 가르쳤습니다. 유학을 공부하는 사람들은 이를 신분이 높은 사람은 신분이 낮은 사람에게 낮춤말을 하며 지시를 하는 게 당연하고, 신분이 낮은 사람은 무조건 복종해야 한다고 해석했습니다.

하지만 정약용이 나중에 공부한 실학에서는 모든 사람은 평등하다고 주장했습니다. 그래서 실학은 유학을 부정하는 학문이라고 알려지고, 유학을 공부해 온 노학자들에게 비판받았던 것이지요.

하지만 정약용이 유학을 다시 차근차근 공부해보니, 유학에서 가르치는 '인'의 사상이 실학의 평등 사상과 통하는 부분이 있다는 것을 깨달았습니다. 공자가 "두 사람이 만나도 그 사이에 도덕이 있어야 한다."라고 했던 말이 사람 간의 관계에서 나이와 성별, 신분의 차이를 떠나 서로 존중해야 한다는 뜻이라고 해석한 것입니다. 정약용은 유학이 차별이 아닌 평등의 학문이라고 결론지었습니다.

정약용은 모든 사람이 평등하게 존중받아야 한다고 생각했으나, 신분제도를 없애자고 주장하지는 않았습니다. 그는 양반의 지도나 통솔 없이 나라가 존재할 수 없다고 생각했기 때문입니다. 그래서 신분 간의 위계질서는 필요하다고 주장했지요. 이처럼 정약용은 유학과 실학에서 좋은 점을 따서 자신의 기준에 따라 새롭게 해석하기도 했습니다.

※ ※ ※

유학에 관한 생각을 정리한 후 이제는 현실적인 문제로 시선을 돌렸습니다. 법과 제도는 나라를 잘 다스리고 백성 모두가 잘 살도록 돕는 것이어야 한다고 생각했습니다. 하지만 실제 법이 모든 백성에게 평등하게 적용되지 않고 힘 있는 양반과 돈 많은 지주에게만 유리하게 해석되고 있는 현실이 안타까웠습니다.

그래서 정약용은 법과 제도의 문제점과 그것을 고칠 방법을 곰곰이 생각했습니다. 그리고 자신의 생각을 글로 써 내려갔습니다. 글을 쓰다가 막히는 부분이 있거나 좀 더 자료가 필요할 때는 친척에게 부탁해 책을 구해서 읽었고, 생각이 복잡할 때면 흑산도에 있는 형에게 편지를 보내 의견을 묻기도 했습니다.

정약용은 제도 중에서도 백성의 대부분이 농민이므로 농민의 생활에 어려움을 끼치는 것을 가장 먼저 고쳐야 한다고 생각했습니다.

당시에 돈이 많은 양반은 토지를 마구잡이로 사들이고 농민에게 비싼 소작료를 받아냈습니다. 자신의 땅을 가지고 있는 농민은 열 명 중 한 명에 지나지 않았고 입에 풀칠하기도 힘든 실정이었지요. 거기다 지방 관리들은 여러 이유를 붙여 세금을 걷어 갔

습니다.

　정약용은 이익이 주장한 토지 평등 분배가 좋은 방법이라고 생각했습니다. 그래서 지금의 토지 문제를 바로잡으려면 나라에서 토지를 사들여 농민에게 나누어 주어야 한다고 생각했습니다. 하지만 토지가 어느 한쪽으로 몰릴 것을 감안해 이를 해결할 대안을 제시했습니다. 그것이 바로 농사를 짓는 사람만이 토지를 가질 수 있다는 것과 마을 단위로 공동 토지를 정해 그 땅에서 나온 수확물로 세금을 내는 것입니다. 이렇게 하면 세금 문제도 해결할 수 있다고 보았습니다.

　정약용은 이렇게 토지제도와 조세제도를 비롯한 기존 제도의 문제점과 해결책을 제시하고, 사회, 경제, 정치 등 여러 면에서 개혁을 주장하는 책인 《경세유표》를 썼습니다. '경세유표'란 법과 제도를 바로 세워 나라를 새롭게 한다는 의미입니다.

　《경세유표》는 여러 선비에게 전해졌습니다. 하지만 대부분의 관리는 왜 이런 책을 썼느냐며 정약용을 비판하기에 바빴지요.

　"정약용이 쓴 책을 봤나?"

　"죄인 주제에 나랏일에 무슨 상관인지, 원."

　"귀양살이를 하는 사람이 그런 책을 써도 되는 거야?"

　그러는 사이에도 백성의 삶은 점점 어려워졌습니다. 정약용의 책을 지방 관리들이 외면하고, 조정의 대신들은 그를 견제하니 그의 의견이 받아들여질 수 없었던 것이지요.

* * *

다음으로 정약용은 지방 관리의 역할과 마음가짐을 바로 세울 목적으로 책을 쓰기 시작했습니다.

"백성을 가장 가까이에서 다스리는 사람이 지방관이다. 지방관이 어떻게 하느냐에 따라 백성의 삶이 편해지기도 하고 어려워지기도 한다."

정약용은 곡산에서 부사로 지냈던 일을 떠올리면서 글을 정리해 갔습니다. 그는 책에서 나라의 주인이 백성임을 잊지 않는 것이 관리가 가져야 할 가장 중요한 마음가짐이라고 강조했습니다. 지방관이 가져야 할 마음가짐과 지방관으로서 해야 할 일을, 관리직을 발령받았을 때부터 그만둘 때까지 일목요연하게 정리했습니다.

귀양살이를 하면서 정약용은 백성의 어려운 생활을 더 잘 알게 되었습니다. 그래서 지방관이 제대로 백성을 돌보지 않으면 백성이 얼마나 피해를 입는지, 그동안 자신이 보고 겪었던 사례를 들어 자세히 적었지요. 이 내용은 《목민심서》라는 책으로 묶여 나왔습니다.

《목민심서》는 48권으로 '목민'이라는 말은 백성을 돌본다는 뜻으로 지방관을 가리킵니다. '심서'는 지방관이 갖춰야 할 자세와 알아 두어야 할 일을 쓴 책이라는 의미입니다. 《목민심서》를 완성한 후에야 정약용은 유배에서 풀려날 수 있었습니다.

* * *

정약용이 귀양에서 풀려나기까지 여러 우여곡절이 많았습니다. 귀양살이를 한 지 10년이 되던 해인 1810년, 큰아들 학연이 아버지의 억울함을 호소했습니다. 하지만 다시 반대파의 방해를 받아 풀려나지 못했습니다.

1814년 정약용은 드디어 죄인 명단에서 벗어났습니다. 그러나 반대파가 강진으로 공문을 보내는 하급 관리를 막는 바람에 귀양에서 풀려난 사실을 모른 채 유배지에 갇혀 있어야 했습니다.

정약용이 귀양에서 풀려나는 데 결정적인 역할을 한 것은 바로 부채였습니다. 정약용이 처음 관리가 되었을 때 사귄 김이교라는 선비가 있었습니다. 정약용은 그의 동생 김이재와도 교류를 하고 지냈지요. 김이재 역시 1800년 순조가 즉위하던 해에 전라남도 완도군의 작은 섬 고금도에 유배되었습니다. 1805년 유배에 풀려나 한양으로 올라가는 길에 강진에 들러 정약용을 만났습니다.

김이재는 여러 사람이 정약용의 석방을 위해 힘쓰고 있으니 곧 풀려날 거라고 위로했습니다. 정약용은 자신의 귀양살이를 안쓰러워하는 친구가 고마웠습니다. 김이재는 강진을 떠나는 날 혹시 전할 말이나 하고 싶은 말이 없는지 물었습니다. 그는 정약용이 유배에 풀려나도록 도와달라고 말해 주길 내심 바랐습니다. 하지만 정약용은 단지 이별의 아쉬움을 노래한 시를 부채에 써서 김이재에게 주었습니다. 김이재는 그 후로 정약용이 준 부채를 보물처럼 여겼습니다. 심지어 겨울에도 부채를 가지고 다녔지요.

어느 겨울날 김이재는 친척인 김조순의 집에 찾아갔습니다. 김조순은 순조의 장인으로 당시 큰 힘을 떨치고 있었습니다. 그런데 덥지도 않은 날씨에 김이재가 부채를 부치고 있는 모습이 이상해서 김조순이 물었습니다.

"한겨울에 무슨 부채를 부치고 있는가. 특별한 사연이 있는 부채인가?"

"화가 나고 속에서 열불이 나서 그렇습니다. 부채라도 부쳐야 답답한 속이 시원해지지 않겠습니까."

그러면서 김조순에게 정약용의 시가 잘 보이도록 부채를 펄럭거렸습니다.

"아니, 부채에 적힌 시는 누가 쓴 것인가?"

"억울하게 귀양에서 풀려나지 못하고 다산에 묶여 계신 형님이 쓴 것이지요. 그래서 이렇게 가슴이 답답한 것이지요."

그제야 김조순은 정약용이 쓴 시임을 알아차리고 곰곰이 생각에 잠겼습니다. 그리고 노론의 방해로 아직까지 귀양살이를 하고 있는 정약용을 떠올렸습니다. 김조순은 노론 세력의 핵심 인물이었습니다. 그럼에도 다른 세력이라는 이유로 18년 동안이나 귀양살이를 하게 만든 것은 지나치다고 생각했습니다. 게다가 당파는 달랐지만 정약용이 뛰어난 학식을 가진 선비임을 그도 인정하고 있었지요.

김조순은 얼마 후 임금에게 정약용을 석방시켜 달라고 청했습니다. 이로써 정약용은 18년 만에야 귀양에서 풀려났습니다.

* * *

강진을 떠나기 전 정약용은 자신이 지냈던 산속의 초가를 천천히 둘러봤습니다. 집안 곳곳에는 지난 18년간 그의 손때가 묻은 세간*들이 정리되어 있었습니다. 어느 한곳 자신의 손길이 미치지 않은 곳이 없었습니다.

'이곳에서 원 없이 책을 읽고 글도 쓰고 후학을 길렀지. 참 많은 일이 있었어.'

정약용은 강진에서 유배 생활을 하는 동안 많은 책을 읽었고, 많은 책을 썼습니다. 그만큼 학문적 깊이는 더욱 깊어졌지요. 정약용이 평생 동안 쓴 책은 무려 500여 권이나 됩니다. 권수도 많지만 문학과 경제, 정치, 지리, 역사 등 다양한 분야를 다루었습니다. 자연을 노래하거나 백성의 어려운 삶을 알리는 시도 수백 편이나 남겼습니다. 실용적인 학문뿐만 아니라 백성이 공감할 수 있는 문학적 업적도 큽니다.

정약용은 힘든 귀양살이에서도 위안을 주던 곳을 바라보며 지난 유배 생활을 떠올려 보았습니다. 가장 기억에 남는 것은 자신의 가르침을 받기 위해 찾아오던 마을 아이들의 모습이었습니다.

'매일 집으로 찾아와 주던 마을 아이들은 잘 지내겠지.'

세간 집안에서 쓰는 모든 물건을 말함.

초가에서 조금 벗어나 바다가 보이는 언덕에 서서 멀리 형이 있었던 흑산도 쪽을 그리운 눈으로 바라보았습니다. 정약용은 먼저 하늘로 떠난 형이 보고 싶었습니다. 형이 보고 싶을 때면 이곳에 올라 먼 바다를 바라보던 기억도 떠올렸습니다. 오늘도 여전히 정약용은 형을 생각하며 눈물을 삼켰습니다.

* * *

정약용은 그동안 읽던 책과 자신이 지은 수많은 책을 수레에 싣고 강진을 떠나 고향 마현으로 돌아왔습니다. 고향에 오니 마음이 편해졌습니다. 마현의 본가는 여전히 한가로웠고 변함없이 정약용을 따뜻하게 맞아 주었습니다. 집 앞을 흐르는 강물과 집 뒤의 산도 그대로였지요.

정약용은 고향 마현에서도 책을 읽고 글을 쓰며 하루를 보냈습니다. 가끔 친구들이 찾아와 세상 흘러가는 이야기를 전해 주기도 했습니다. 사실 정약용은 고향에 돌아와도 반대파의 감시가 계속되어, 친한 친구들도 정약용을 만나러 오는 것이 쉽지 않았습니다.

"가끔 자네 이야기를 한다네."

"나에 대해 무슨 할 말이 있다고."

"조정에서 자네를 다시 부를 것이라는 이야기도 있고, 아직도 자네를 모함하는 사람들이 조정에 들이는 것을 반대한다는 말도 있지."

친구들의 말처럼 조정에서는 정약용에게 벼슬을 주자는 사람들이 있었습니다. 정약용이 오랫동안 귀양살이를 했음에도 그처럼 일을 잘하는 사람은 찾기 어려웠던 것이지요.

"자네는 다시 조정으로 돌아오고 싶지 않은가?"

"난 그저 이곳에서 조용히 책 읽고 글 쓰며 지내고 싶네."

"그래도 조정에 나가야 자네가 쓴 책의 내용을 나랏일에 펼칠 것이 아닌가. 자네가 조정에 있을 때 했던 일들을 떠올려 보게나. 그때가 그립지도 않은가?"

"가끔 생각나긴 하지. 하지만 이젠 그럴 힘이 없네, 허허."

친구들이 여러 번 조정에 나가라고 권해도 정약용은 흔들리지 않았습니다. 정약용은 본가에서 편히 살면서 나라에 도움이 되는 글을 남기며 공부하는 선비로 살고 싶었습니다.

'이곳에서도 내가 할 일이 많아. 조정에 돌아가는 건 큰 욕심일 뿐이지.'

정약용은 주위에서 들려오는 이야기에 귀를 막고 강진에서 못다 쓴 글을 이어서 썼습니다. 유배 생활을 하면서 구하지 못했던 책을 구해서 읽기도 하고 만날 수 없었던 사람들을 만나 회포를 풀며 하루를 보냈습니다.

정약용에게 책은 어린 시절부터 우여곡절이 많았던 삶을 보여 주는 흔적이었습니다. 그가 살면서 겪었던 수많은 시련과 아픔, 희망이 고스란히 담겨 있는 것이었지요. 그리고 그의 책에는 백성과 나라를 사랑하는 정약용의 한결같은 마음을 읽을 수 있습니다.

*　*　*

고향으로 돌아온 다음 해인 1819년, 정약용은 《흠흠신서》 30권을 완성했습니다. 《흠흠신서》는 어떻게 형벌을 내릴 것인가를 이야기한 책입니다. '흠흠'은 조심하고 또 조심한다는 뜻입니다.

정약용은 백성들이 억울한 죄를 덮어쓰고 고통스러운 벌을 받는 것을 몇 번이나 보았습니다. 정약용은 관리가 백성의 죄를 다스리는 것은 하늘을 대신하는 것이기에 신중을 기해야 한다고 책을 통해 이야기한 것입니다. 이것이 바로 《경세유표》와 《목민심서》에 이어 《흠흠신서》를 쓴 이유입니다.

세 대표작은 백성을 귀하게 여기는 정약용의 마음을 잘 보여주고 있습니다. 정약용은 국사, 지리, 음악, 유학 경전의 해석 등에 대한 책을 계속해서 썼습니다.

그럴수록 정약용을 관직에 추천하는 의견이 끊이지 않고 나왔습니다. 정약용에게 농토를 조사하는 일을 맡기자는 의견도 있었습니다. 실학자 정약용의 뛰어난 재능이 아까웠던 것입니다. 하지만 서용보가 끝까지 반대해 항상 이루어지지 못했습니다. 몇 년 뒤 정약용은 승지 후보에까지 올랐으나 이번에도 반대파에 의해 취소되었습니다.

1830년 정약용의 반대파에서 정약용에게 직책을 주자는 의견이 나왔습니다. 왕세자에게 약을 지어 주는 부호군이라는 직책이었습니다. 당시 순조의 아들인 효명세자가 병에 걸려 위독한 상황이었습니다. 그들은 정약용이 의학 책도 지었으므로 의술에 뛰어날 거라고 주장했습니다. 하지만 세자의 병은 매우 심각해 누가 봐도 살아날 가망이 없어 보였습니다.

정약용은 조정의 명령을 거절하지 못하고 결국 관직에 올랐습니다. 세자의 몸은 급속도로 안 좋아졌습니다. 결국 세자는 정약용이 준비한 약을 먹어 보지도 못하고 세상을 뜨고 말았습니다. 이후 정약용은 부호군의 직책을 벗고 궁궐 밖에서 지냈습니다.

1934년 궁궐 밖에 살던 정약용은 순조가 위독해졌다는 소식을 전해 듣고 급히 궁으로 들어갔습니다. 그러나 순조는 이미 숨을 거둔 뒤였습니다. 정약용은 말도 많고 탈도 많던 조정의 일을 그만두고 다시 마현으로 돌아갔습니다.

* * *

정약용은 실학 사상을 집대성한 500여 권의 책과 그의 정신을 이은 후학을 위대한 유산으로 남기고 1836년 75세의 나이로 세상을 떠났습니다. 그의 가족과 제자들이 고향 마현으로 와 마지막 가는 길을 함께했습니다.

정약용이 죽고 몇 년이 흐른 뒤 조정에서는 뒤늦게 그의 업적을 기려 정헌대부 규장각 제학이라는 벼슬을 내리고 문도공이라는 시호를 내렸습니다.

비록 죽고 난 후이긴 하나, 정약용의 위대한 학문적 성과와 개혁 사상을 인정받은 것입니다. 오늘날까지 다산 정약용은 실학

시호 왕이나 뛰어난 관리, 학자가 죽은 뒤에 그들의 업적을 기리며 붙이는 이름.

을 집대성한 학자이자, 역사, 지리, 과학, 예술 등 여러 분야에서 조선 최고의 학문적 업적을 이룬 천재 사상가로 평가받고 있습니다.

조선이 당쟁으로 나라가 어수선할 때 태어난 그는 한때 천재 소년으로 글과 학문에 열정을 쏟았습니다. 어린 나이에 과거에 급제해 조정에서 일하면서 임금의 관심과 사랑을 받고 뛰어난 인재로 발돋움했습니다. 하지만 그를 시기하는 반대파의 음모로 천주교 박해 사건에 연루되어 유배를 갔지요. 그는 힘들고 고단했던 유배 생활 중에도 학문에 많은 시간을 쏟았습니다. 그리하여 정치와 지방 행정을 개혁하자고 주장했으며, 농민이 열심히 일해 수확한 것을 공평하게 분배할 수 있는 제도를 연구하고, 노비제와 같이 불필요한 관습과 제도를 없애자고 제안했습니다.

정약용은 실학자 유형원과 이익의 중농주의* 사상을 이어받아 수백 권의 훌륭한 저서를 남겼고, 이를 바탕으로 조선 후기를 대표하는 실학자로 역사에 길이 남아 있습니다.

중농주의 농업을 중심으로 실학을 연구한 학문.

> 정약용을 통해 본 조선 시대

정약용은 어떤 책을 썼을까?

정약용의 1표 2서

정약용은 어수선하고 혼잡한 나라를 바로잡기 위해 많은 책을 썼습니다. 과연 그는 어떤 책을 썼을까요? 그의 대표적인 책을 1표 2서라고 합니다. 《경세유표》, 《목민심서》, 《흠흠신서》의 마지막 글자를 따서 지어진 것입니다. 그는 자신의 묘비에 새길 글을 직접 써서 자신의 일생을 정리하기도 했는데요. 이를 〈자찬묘지명〉이라고 합니다. 여기에서 정약용은 1표 2서를 다음과 같이 소개했습니다.

"육경(六經)과 사서(四書)는 자신을 수양하는 것이고, 일표(一表)와 이서(二書)는 천하와 국가를 위함이니, 이로써 처음과 끝이 갖추어졌다고 할 것이다."

그럼 1표 2서 중 첫 번째 작품인 《경세유표》는 어떤 책일까요? 이 책에는 여러 제도의 문제점과 그를 고치는 개혁안을 담고 있습니다. 전남 강진에 유배 중인

1817년에 쓴 책입니다. 국가의 통치 질서의 근본이념을 다시 세워 오래된 조선을 새롭게 하고자 했습니다. 당시 조선의 현실에 맞추어 정치, 사회, 경제 제도를 개혁해 나라를 부국강병으로 만들자고 주장했습니다. 특히 당시 사회의 모순을 보여 주는 토지 문제와 농업 문제를 중심으로 이야기하고 있습니다. 제도와 법의 잘못과 개선책을 정리한 것으로 조선 사회의 뼈대를 바로잡기 위해 쓴 책입니다.

《목민심서》는 《경세유표》에 이어 1818년에 완성한 책입니다. 책의 내용은 지방관이 지켜야 할 지침과 지방 관리들의 잘못된 행동을 비판하는 내용을 담고 있습니다. 정약용은 어린 시절 아버지가 여러 고을의 지방관으로 지낼 때 옆에서 견문을 넓힐 기회가 있었습니다. 그 후 정약용 자신도 지방관 및 경기도 암행어사를 지내면서 지방 행정 관리의 문란과 부패로 인해 백성의 어려움을 옆에서 지켜봤습니다. 그때 깨달았던 것들을 잘 정리해 책으로 엮은 것입니다. 《목민심서》는 지방관이 고을 백성을 다스릴 때 지켜야 할 사항을 정리하고 있어 지방관이 꼭 읽어야 할 지침서였습니다.

《흠흠신서》는 1819년에 완성되어 1822년에 간행된 책입니다. 정약용은 살인 사건의 조사와 범인에게 죄를 묻는 과정이 매우 형식적이고 무성의하게 진행되는 당시의 상황을 비판했습니다. 그리고 그 이유가 사건을 다루는 관료가 사건의 경과를 제대로 밝히지 못하고 사실을 올바르게 판단하는 기술이 약하기 때문이라고 생각했습니다. 그래서 이를 바로잡기 위해 책을 집필했습니다.

《흠흠신서》에서는 형벌을 정하는 기준을 포함해 공정하게 벌을 내리기 위한 방법을 체계적으로 설명하고 있습니다. 이전까지는 살인 사건의 유형과 그에 적용되는 법규 및 형량이 세분화되어 있지 않아 어려움이 있었는데, 중국의 모범적인 사례를 근거로 하여 설명했습니다. 그리고 정약용이 곡산 부사와 형조 참의로 있었을 때 다루었던 대부분의 사건을 책에 소개하고 그 해설을 실었습니다.

정약용이 쓴 《흠흠신서》

　이 책은 죄인을 벌하는 관리가 꼭 읽어야 할 책으로 손꼽혔습니다. 죄인을 벌하는 일은 사람의 생명을 다루는 일과 같으며, 죄를 지은 자의 생명도 귀하게 여겨야 한다는 가르침도 담고 있습니다.

　이 세 권의 책만 보더라도 정약용은 잘못된 비리와 관리들의 핍박 속에 고통 받는 백성을 위해, 백성을 살찌우기 위해 책을 썼다는 것을 알 수 있습니다.

1. 새로운 일에 도전할 때

정약용은 아버지가 돌아가시고 고향에 내려가 있는 동안 왕인 정조에게 큰 임무를 맡았습니다. 바로 수원에 새로 지을 거대한 성의 설계도를 그리는 것이었지요. 정약용은 그때부터 여러 책을 참고하고 연구하여 성을 쌓기 위한 설계도를 그렸습니다. 그리고 10년이 걸릴 거라 예상했던 공사를 단 2년 반 만에 끝내버렸지요.

여러분은 정약용처럼 새로운 일에 도전해 본 경험이 있나요? 만약 새로운 일에 도전한다면 어떤 준비가 필요할까요?

❶ 새로운 일에 도전해 본 경험이 있나요? 어떤 일이었나요? 혹은 어떤 일에 도전해 보고 싶은가요?

_____

_____

❷ 새로운 일에 도전할 때 어떤 마음가짐과 노력이 필요한가요?

_____

_____

2. 친구와 사이가 안 좋아졌을 때

정약용은 아버지를 이어받아 남인 세력에 속해 있었습니다. 그래서 노론 세력의 관리들이 정조의 총애를 받는 정약용을 시기하고, 모함하기 시작했지요. 이로 인해 정약용은 지방 관리로 임금 곁을 떠나기도 하고 유배를 가기도 했지요. 결국 정약용은 사람들의 모함을 견디지 못하고 관직을 버리겠다고 정조에게 상소를 올리기도 했습니다.

여러분이 정약용이라면, 자신에 대한 나쁜 말을 퍼트리는 사람들에게 어떤 행동을 할 건가요? 그런 상황을 어떻게 해결하면 좋을까요?

❶ 자신에 대해 오해를 하거나 나쁜 말을 퍼트리는 사람이 있다면 그 사람에게 뭐라고 하겠나요?

_____

_____

❷ 친구와 싸웠습니다. 서로 감정이 상한 친구와 어떻게 화해를 하면 좋을까요?

_____

_____

3. 억울한 일을 당했을 때

> 정약용은 천주교인이라는 낙인이 찍혀 몇 번이나 관직에서 쫓겨나고 유배를 갔습니다. 결국에는 형제를 잃고 한반도의 남쪽 끝으로 유배를 갔지요. 하지만 정약용은 끝까지 자신은 잘못이 없다고 당당하게 이야기했습니다. 하지만 슬픈 것은 어찌할 수 없어 몸도 마음도 아팠지만, 정약용은 열심히 글을 쓰며 슬픔을 달랬습니다.

여러분은 정약용처럼 억울한 누명을 쓰고 가족과도 오랫동안 헤어져야 한다면 어떻게 하겠습니까?

❶ 최근에 겪었던 억울했던 일을 써 보세요.
_____
_____

❷ 억울한 일을 당한다면 어떻게 오해를 풀면 좋을까요?
_____
_____

4. 힘들어서 포기하고 싶을 때

> 정약용은 사람들에게 죄인이라고 손가락질을 받아도 백성과 나라를 위해 자신이 할 수 있는 일이 무엇인지 고민했습니다. 생각 끝에 많은 사람에게 자신이 보고 듣고 배운 것들을 알리자고 결심했지요. 결국 정약용은 귀양살이를 하면서도 500여 권의 책을 썼습니다. 많은 책을 쓰다 보니 학식이 깊은 학자로 더욱 이름을 알렸지요.

여러분도 정약용처럼 힘든 상황을 이겨낸 경험이 있나요? 시련에 맞서 포기하지 않기 위해 어떻게 해야 하는지 생각해 보세요.

❶ 힘든 상황에서도 자신이 할 일을 끝까지 해 낸 적이 있나요?
_____
_____

❷ 쉽게 포기하지 않기 위해서는 어떤 마음가짐이나 노력이 필요할까요?
_____
_____

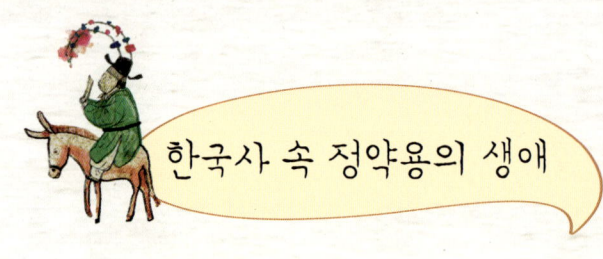

한국사 속 정약용의 생애

한국사 연표		정약용 연표
영조가 왕위에 오릅니다.	1724년	
탕평책을 실시합니다.	1725년	
백성의 세금 부담을 줄이기 위해 만든 제도인 균역법을 실시합니다.	1750년 (영조 26년)	
사도세자가 뒤주에 갇혀 죽음을 맞이합니다.	1762년	경기도 광주군 초부면 마재(지금의 남양주시 조안면 능내리)에서 정약용이 태어납니다.
	1765년	《천자문》을 배우기 시작합니다.
	1767년	현감이 된 아버지 정재원을 따라 연천으로 갑니다.
	1768년	고향으로 돌아와 서당에 다니기 시작합니다.
	1770년	어머니가 돌아가신 후 어릴 때 지은 시들을 모아 《삼미자집》을 만듭니다.

정조가 왕위에 오르고, 규장각을 건립하라는 명을 내립니다.	1776년	풍산 홍씨와 결혼을 하고 아버지가 호조좌랑으로 임명되어 한양으로 올라옵니다.
	1777년	이익의 《성호사설》을 읽고 실학을 접합니다.
이승훈이 중국에서 세례를 받고 천주교 관련 서적을 가지고 조선으로 들어옵니다.	1783년	진사시에 합격하여 벼슬길에 오릅니다.
	1784년	정조 앞에서 《중용》을 강의하고 《천주실의》를 통해 천주교를 접합니다.
	1789년	문과에 급제한 뒤 희릉직장이 되었고, 이후 정칠품 벼슬인 가주서가 됩니다. 배다리를 만듭니다.

한국사 연표		정약용 연표
진산 사건으로 서학 책이 금지됩니다.	1791년	천주교도라는 모함을 받습니다.
	1792년	아버지가 세상을 떠나 고향으로 내려가 장례를 지냅니다. 정조의 명으로 수원 화성을 설계하고 거중기를 만듭니다.
수원 화성을 쌓기 시작합니다.	1794년	경기도 암행어사가 되어 관리들의 비리를 파헤칩니다.
	1797년	황해도 곡산 부사로 발령을 받습니다.
정조가 세상을 뜨고 어린 순조가 왕위에 오릅니다. 정순 왕후가 수렴청정을 합니다.	1800년	고향으로 돌아가 책을 쓰며, 자신의 당호를 '여유당'이라고 짓습니다.
천주교를 믿는 사람들이 처형되는 신유박해가 일어납니다.	1801년	신유박해에 연루되어 형 정약종은 순교를 하고 정약용은 장기로 유배되었다가 황사영 백서 사건으로 강진에 유배됩니다.
홍경래의 난이 일어납니다.	1811년	
	1816년	정약전이 유배지인 흑산도에서 죽음을 맞이합니다.
	1817년	《경세유표》를 쓰기 시작합니다.

	1818년	《목민심서》를 씁니다. 유배에서 풀려나 고향으로 돌아옵니다.
	1819년	《흠흠신서》를 씁니다.
전라도와 경상도 등에서 천주교도를 탄압하는 정해박해가 일어납니다.	1827년	
로마 교황청이 천주교 조선 교구를 만듭니다.	1831년	
헌종이 왕위에 오르고 순원왕후가 수렴청정을 합니다.	1834년	
	1836년	4월 7일 고향에서 저술 활동을 하던 중 죽음을 맞이합니다.

2019년 4월 3일 1판 1쇄 펴냄
2023년 4월 2일 1판 4쇄 발행

글쓴이   손민지
그린이   김소영

펴낸이   박인수
펴낸곳   주니어단디
편집   김현아
디자인   김희진

등록   제 406-2016-000041호(2016. 3. 21.)
주소   경기도 파주시 탄현면 사슴벌레로 45
전화   031-941-2480
팩스   031-905-9787
이메일   dandibook@hanmail.net
홈페이지 dandibook.com

ISBN   979-11-89366-04-9

• 이 책은 저작권법에 따라 보호받는 저작물이므로 무단 전재와 복제를 금합니다.
• 이 책의 일부를 사용하려면 주니어단디의 서면동의를 받아야 합니다.
• 잘못된 책은 구입한 곳에서 바꾸어 드립니다.

이 도서의 국립중앙도서관 출판예정도서목록(CIP)은 서지정보유통지원시스템 홈페이지(http://seoji.nl.go.kr)와 국가자료공동목록시스템(http://www.nl.go.kr/kolisnet)에서 이용하실 수 있습니다.(CIP제어번호: CIP2017010752)